Andy Brand
FLIPPER
AUFSTAND
DER DELPHINE

Andy Brand

FLIPPER

Aufstand der Delphine

C. Bertelsmann

1. Auflage · 6/93
© C. Bertelsmann Verlag GmbH, München 1993
Einbandgestaltung: Konny Riedl
Satz: IBV Satz- und Datentechnik GmbH, Berlin
Druck: Presse-Druck Augsburg
ISBN 3-570-20017-5 · Printed in Germany

Heiß brannte die Sonne vom Himmel, und das Meer erstreckte sich spiegelglatt bis zum Horizont. Juan stand am Heck, den Blick aufs blaugrün glitzernde Wasser gerichtet. Ein dünner Schweißfilm glänzte auf seinem nackten Oberkörper. Die Schwimmer des ausgebrachten Netzes tanzten träge.

Lopez streckte den Kopf aus dem Ruderhaus. »He, wir sind hier nicht auf Urlaub!« rief er gutmütig.

»Ja, ich weiß, Padre.«

Der ältere Mann deutete auf die Kurbel. »Es wird Zeit.«

Juan seufzte und näherte sich der Winde an der rückwärtigen Reling. Zwei Meter weiter unten ließ die Schiffsschraube das Wasser aufschäumen.

Der Motor des Kutters tuckerte zufrieden vor sich hin.

Juan bückte sich und drehte den Hebel. Die elektrische Winde summte leise, und die bunten Plastikschwimmer neigten sich hin und her. Das Ende des Netzes glitt an Bord.

Silbrige Fische zappelten.

»Ich glaube, diesmal haben wir Glück«, sagte Juan über die Schulter. »Es ist ein guter Fang.«

Lopez verließ das Ruderhaus und trat zu seinem Sohn. Schweigend beobachteten sie, wie die automatische Winde das Netz einholte. Dutzende von Tintenfischen hatten sich in den Maschen verfangen. Die Saugnäpfe öffneten und schlossen sich, und die Tentakel tasteten wie müde Schlangenleiber.

»Du hast recht«, brummte der ältere Mann und rieb sich erfreut das stoppelige Kinn. »Diesmal bringen wir mehr als nur zwei oder drei Kisten zum Markt.«

Juan kniff die Augen zusammen und beugte sich vor. »Was ist das denn?«

Er zeigte auf einen fast zwei Meter langen, grauen Körper.

Lopez trat an seine Seite. »Beim Klabautermann!« entfuhr es ihm. »Wir haben eine Delphin erwischt. Komm, hilf mir.«

Die Winde summte lauter, und Juan schaltete sie ab, griff dann ebenfalls nach den Strängen. Der Rest des Netzes lag noch im Wasser, und Hunderte von Fischen zappelten wie in einer plötzlichen Raserei. Der Tümmler aber rührte sich nicht.

Juan sprang, fühlte angenehme Kühle, hielt sich an der Zugleine fest und betrachtete den Delphin aus der Nähe. Die Augen starrten trüb und blicklos. Weiße Geschwüre klebten auf der bleifarbenen Haut, Blut sickerte aus einigen kleinen Wunden.

»Er ist tot!« rief Juan seinem Vater zu und schwamm noch etwas näher.

Kurz darauf bemerkte er ein metallenes Glänzen.

»Siehst du das, Padre? Drähte stecken in seinem Kopf…«

Lopez stand oben an der Reling und fluchte leise.

Juan trat Wasser und beobachtete den Tümmler traurig. Die Schnauze stand einige Zentimeter weit offen, aber es ertönte kein Schnattern mehr, kein fröhliches Zirpen. Einige Sekunden später wandte sich der junge Mann vom

Netz ab, schloß die Hände um ein dickes Seil und kletterte wieder an Deck.

»Was ist geschehen?« fragte er, als er sich über die Schiffswand schwang.

Sein Vater zuckte mit den Schultern. »Ein Versuchstier, das aus irgendeiner Forschungsstation entkam und im Meer verendete«, brummte er. »Himmel, manchen Wissenschaftlern sollte man endlich das Handwerk legen.« Er seufzte schwer. »Laß uns den Kadaver zu Bud Porter bringen. Vielleicht kann er feststellen, wer dafür verantwortlich ist.« Er deutete auf den grauen, reglosen Delphin.

1

. . . Max Baxter krallte sich am Rand des tiefen Abgrunds fest, doch seine Finger rutschten langsam am glatten Stein ab. Unter ihm erstreckte sich gähnende Leere, und wenn er fiel, erwartete ihn der sichere Tod. Aber Max Baxter ließ sich davon nicht beeindrucken. Er hatte schon viele Gefahren gemeistert, und auch diesmal bewahrte er seine kühle Gelassenheit, selbst als er endgültig den Halt verlor und stürzte . . .

»Toll«, murmelte Ben leise, ließ den Roman sinken und blinzelte. Er saß in einer Ecke der Eingangshalle, umgeben von hohen Pflanzen. Einige Meter entfernt stand Fernando, der Empfangschef des Half Moon Hotels, hinter seinem Tresen und winkte ihm freundlich zu. Bens Gedanken weilten noch immer in der abenteuerlichen Welt Max Baxters, und er bemerkte den Gruß überhaupt nicht. Das dünne Buch in seinen Händen gehörte zur umfangreichen

Urlaubslektüre Mister Readgoods aus Washington, D. C., und der Tourist hatte die erfreuliche Angewohnheit, gelesene Romane auf den Tischen des Aufenthaltsraums liegenzulassen. Ben warf einen kurzen Blick auf das Titelbild: Max Baxter, Agent Null Null Siebeneinhalb, Verfechter von Freiheit und Gerechtigkeit, Retter in der Not, Meisterdetektiv und Spezialist für hoffnungslose Fälle. Er wußte, worauf es ankam, war allen Situationen gewachsen, verlor nie die Kontrolle. Nun, *fast* nie...

...*Max Baxter griff nach seiner Armbanduhr, drehte den Kranz. Ein leises Zischen erklang, und die winzige Preßluftkapsel schleuderte einen langen, dünnen Faden aus unzerreißbarem Kunststoff davon. Der daran befestigte Haken traf auf den Fels, bohrte sich in harten Granit. Der Sturz des Agenten fand ein plötzliches Ende, und die spezielle Feder in der Uhr dämpfte den jähen Ruck. Max Baxter grinste, stützte sich an der steilen Wand ab und kletterte, bis er den Höhlenzugang erreichte. Ein dumpfes Brummen hallte durch den langen Tunnel, der vor ihm durch den Berg führte. Der Stollen gehörte zur geheimen Basis des mysteriösen Mister Q, der einen neuen teuflischen Plan entwickelt hatte, die Weltherrschaft an sich zu reißen. Max Baxter war fest entschlossen, ihm einen Strich durch die kriminelle Rechnung zu machen...*

»Himmel!« seufzte Ben und holte tief Luft. Wenn ich groß bin, möchte ich so sein wie er, dachte er sehnsüchtig. Dann stelle ich gemeinen Verbrechern nach, erlebe ein Abenteuer nach dem anderen, und alle bewundern mich, wenn ich die Halunken hinter Schloß und Riegel bringe.

Ein Mann in einem schneeweißen Anzug trat an den Empfangstresen. Selbst hier in der Halle trug er eine dunkle

Sonnenbrille, drehte den Kopf nach rechts und links und sah sich mißtrauisch um, bevor er einige Worte an Fernando richtete.

Ben runzelte die Stirn. Duncan Dwight Gashville, so hieß der Urlauber, der vor zwei Tagen mit einer Reisegruppe eingetroffen war. Aber er verhielt sich nicht wie die anderen Touristen, ging nie an den Strand, mietete weder Sonnenschirm noch Liegestuhl. Die meiste Zeit verbrachte er irgendwo auf der Insel.

»An einem geheimen Ort«, hauchte Ben. »Ein Fall für Max Baxter...«

Aufgeregt legte er den Roman auf den Tisch zurück und beobachtete den seltsamen Mann. Gashville sprach mit Fernando, und der Empfangschef nickte mehrmals, bevor er in Bens Richtung deutete. Der Junge erschrak, glaubte sich ertappt. Dann fiel ihm ein, daß sich Max Baxter nie aus der Ruhe bringen ließ, und er gab sich betont gelangweilt, griff nach einer Illustrierten und blätterte eine Zeitlang darin. Hastig ließ er sie wieder sinken, als er feststellte, daß er sie verkehrt herum hielt. So etwas wäre dem Meisterdetektiv nie passiert, warf er sich vor.

Der Mann im schneeweißen Anzug kam näher, und Ben hielt unwillkürlich den Atem an. Aber Gashville ging an dem Tisch vorbei, trat in eine der Telefonnischen.

Ben stand auf und schlenderte betont lässig zum Tresen.

»Hallo, Ben«, sagte Fernando und lächelte. »Hast du heute keine Lust zum Schwimmen? Und wo steckt Maria?«

Maria. Er hatte sie ganz vergessen.

Ben sah auf die Uhr an der Wand. »Sie kommt gleich. Wir wollen zum Regenbogensee am Mount Peak und dort angeln.« Er drehte sich um. Gashville stand in der Nische und blickte nach rechts und links, bevor er den Hörer abnahm und eine Nummer wählte.

»Ein seltsamer Typ«, sagte er leise. »Irgendwie verdächtig.«

»Verdächtig?« wiederholte Fernando, und sein Lächeln wuchs in die Breite.

»Ja. Er wirkt immer so mißtrauisch. Bestimmt verheimlicht er etwas. Darf ich mal ins Register sehen?«

»Ben, du weißt doch, daß ich...«

»Niemand erfährt was davon, das verspreche ich Ihnen.«

»Spielst du wieder Detektiv? Genügt es nicht, daß Mr. Readgood überall Verschwörungen wittert? Fängst du jetzt auch damit an?«

Ben schlich hinter den Tresen, nahm das dicke Buch und duckte sich. Gashville ließ seinen Blick mit auffälliger Unauffälligkeit durch die Empfangshalle schweifen, während er telefonierte. Noch ein Indiz, dachte der Junge. Für Max Baxter wäre der Fall bereits klar.

»Ben...« Fernando sah kopfschüttelnd zu ihm hinunter.

»Nur ein paar Sekunden.« Er schlug das Buch auf, suchte die Eintragungen der vergangenen Tage und fand die richtige Stelle: Duncan Dwight Gashville aus Montgomery, Alabama, USA. Beruf: Architekt. Aufenthaltsdauer: unbestimmt.

Ben schob das Buch auf den Tisch zurück.

»Zufrieden?« fragte Fernando.

»Er hat nicht angegeben, wie lange er im Hotel wohnen will.«

Der Empfangschef zuckte mit den Schultern. »Und?«

10

»Das finde ich eigenartig«, sagte Ben und machte ein nachdenkliches Gesicht. »Die meisten Touristen bleiben ein, zwei oder höchstens drei Wochen. Sie wissen es im voraus. Aber Gashville...«

»Vielleicht hat er derzeit keine Verpflichtungen. Er ist Architekt, selbständig, an keinen festen Urlaub gebunden. Vielleicht weiß er noch nicht, wie lange er hier ausspannen möchte.«

Ben zog die Telefonliste heran. »Meine Güte!« stieß er hervor. Sofort senkte er die Stimme und fügte flüsternd hinzu: »Er telefoniert mehr als alle anderen Leute im Hotel. Sehen Sie sich nur mal diese Aufstellung an, Fernando. Er hat bereits tausend Dollar verpulvert. In zwei Tagen. Wen ruft er dauernd an?«

Er las die Zahlen neben den Gebührenangaben, aber Fernando nahm ihm das Blatt aus der Hand. »Ich schätze, jetzt gehst du ein wenig zu weit, Ben. Steck deine Nase nicht in fremde Angelegenheiten...«

»Aber wenn er irgendein Verbrechen plant? Wenn er einen Coup vorbereitet?«

Mr. Readgood kam vorbei, ein kleiner, vertrockneter Mann, auf der Nase eine dicke Hornbrille. Mit zitternden Fingern blätterte er in einem weiteren Roman, nickte Ben und Fernando kurz zu, nahm Platz und las. Seine Lippen bewegten sich lautlos. Morgen erwartet mich ein neues Max-Baxter-Abenteuer, überlegte Ben voller Vorfreude, erinnerte sich dann wieder an Gashville und machte eine ernste Detektiv-Miene.

Tracy – Bens Mutter, die das Hotel führte – näherte sich dem Tresen.

»Ihr Sohn ist schon wieder auf Verbrecherjagd«, sagte Fernando.

»Auf wen hat er's denn diesmal abgesehen?«

»Auf Mister Gashville. Ben glaubt, er plant einen *Coup*.« Die Ironie beim letzten Wort war unüberhörbar.

Tracy lachte leise und strich sich eine Strähne ihres langen, blonden Haares aus der Stirn. »Er ist wirklich seltsam, das muß ich zugeben.«

»Na bitte«, murmelte der Junge zufrieden.

»Aber das bedeutet noch lange nicht, daß wir die Polizei verständigen müssen.« Sie winkte flüchtig. »Falls du mich suchst, Ben... Ich bin draußen.« Sie ging einige Schritte, blieb noch einmal kurz stehen. »Ben? Übertreib's nicht, hörst du? Mr. Gashville ist zahlender Gast, wie alle anderen. Er hat ein Recht auf seine Privatsphäre.«

»Ja, Mom«, erwiderte der Junge kleinlaut. Doch als seine Mutter durch die breite Ausgangstür verschwunden war, kniff er die Augen zusammen und beobachtete wieder den ganz in Weiß gekleideten Mann. Er stand noch immer in der Nische und telefonierte, jetzt nahm er die dunkle Sonnenbrille ab.

Max Baxter wurde nicht nur mit allen Gefahren fertig, sondern verstand sich auch auf peinlich genaue Ermittlungsarbeit. Ben wandte sich von Fernando ab, eilte durch den Saal und ging hinter hohen Topfpflanzen in Deckung. Aus den Augenwinkeln sah er, wie der Empfangschef lächelnd den Kopf schüttelte, aber er achtete nicht darauf, sondern konzentrierte seine Aufmerksamkeit auf Gashville. Er schlich näher, vorbei an dem Tisch, an dem er bis vor einigen Minuten gesessen hatte, bis er nur noch wenige

Meter von der Telefonnische entfernt war. Vorsichtig spähte er durch eine Lücke zwischen den langen Blättern eines Gummibaums und musterte den sonderbaren Mann. Duncan Dwight Gashville war hochgewachsen und schlank, knapp fünfzig Jahre alt, das Gesicht schmal und gebräunt, die Nase darin wie ein dicker Haken, die Lippen dünn, kaum mehr als zwei schmale, blutleere Striche. Die grauen Augen unter den schweren Lidern blickten stechend und durchdringend. Ben erschrak, als er sich bewußt wurde, wie sehr der Mann dem mysteriösen Mister Q ähnelte, dem ewigen Gegner Max Baxters.

»Ja, hier ist soweit alles in Ordnung«, hörte er Gashvilles Stimme. »Ich habe mich bereits mit ihm unterhalten. Scheint ein recht fähiger Mann zu sein. Versteht eine Menge von Delphinen.« Eine kurze Pause. »Ja, ich weiß. Wir brauchen Resultate, konkrete Ergebnisse.«

Ben sah, wie sich die Lippen des Mannes zu einem schiefen Lächeln verzogen. Es wirkte kalt und humorlos.

»Ich werde ein wenig Druck ausüben, ihm Dampf machen, wenn Sie verstehen, was ich meine. Drei Wochen sollten genügen. Er muß endlich begreifen, daß unsere Geduld Grenzen hat.«

Das klang unheimlich, fast bedrohlich, fand Ben. Er glaubte seinen Verdacht bestätigt. Gashville wohnte nicht im Half Moon-Hotel, um sich am karibischen Klima zu erfreuen und auszuspannen, um sich vom Streß des Alltagslebens zu erholen. Aber was hatte er mit dem Hinweis auf Delphine auf sich? Ben verlagerte sein Gewicht und erstarrte förmlich, als die Blätter vor ihm leise raschelten. Gashville bemerkte nichts.

13

Er nickte einige Male, brummte zustimmend und legte dann auf. Einige Sekunden lang zögerte er, nahm den Hörer wieder ab und sah sich um, bevor er eine andere, kürzere Nummer wählte.

»Ich bin's«, sagte er. »Henry.«

Henry! fuhr es Ben durch den Sinn. Nicht etwa Duncan oder Dwight, sondern Henry. Offenbar benutzte er einen falschen Namen. Der Junge spitzte die Ohren.

Gashville hörte eine Zeitlang stumm zu. »Freut mich«, sagte er schließlich. »Ich habe gerade mit Alabama gesprochen. Wir brauchen Resultate, und zwar ziemlich schnell. Die Leute werden unruhig. Immerhin geht's um eine Menge Geld.«

Um eine Menge Geld, wiederholte Ben in Gedanken. Eine von Max Baxters vielen Weisheiten lautete: Geld und Macht korrumpierten, bildeten den Nährboden für Verbrechen.

»Drei Wochen«, fuhr Gashville fort. »Mehr nicht. Wenn Sie uns bis dahin nicht die ersten voll ausgebildeten Exemplare zur Verfügung stellen können...« Wieder folgte eine kurze Pause. »Ja, das würde ich mir gern ansehen.« Ein Blick auf die Armbanduhr. »Ich mache mich sofort auf den Weg. Zwanzig Minuten. Vielleicht auch eine halbe Stunde, okay?«

Ben war so aufgeregt, daß er sich noch weiter zur Seite beugte, und dadurch verlor er das Gleichgewicht.

Aus einem Reflex heraus suchte er nach Halt und berührte einen der großen Gummibäume. Es raschelte laut, und die Pflanze neigte sich zur Seite. Der Junge griff rasch danach, bevor sie umfallen konnte.

Als er den Kopf hob, sah er einen schneeweißen Anzug.

Duncan Dwight Gashville – wenn er wirklich so hieß – stand vor ihm, richtete seinen durchdringenden Blick auf den Jungen.

»Du hast gelauscht, nicht wahr?« sagte er scharf.

Ben schluckte. Max Baxter wurde nie erwischt, wenn er Nachforschungen anstellte und Verdächtige beobachtete, und aus irgendeinem Grund hatte er angenommen, er sei ebenfalls gegen Entdeckung immun. Er kam sich wie ein Narr vor und spürte, wie Furcht in ihm zu prickeln begann. Kriminelle fackelten nicht lange: Mr. Qs Helfer und Komplizen brachten enttarnte Agenten sofort um.

»Nein, nein, ich...«

»Was hast du gehört?«

»Nichts. Wirklich, ich...« Fast hätte er Gashville versichert, er werde *schweigen wie ein Grab*, aber er klappte gerade noch rechtzeitig den Mund zu.

»Ach, da bist du, Ben!« erklang eine andere Stimme. Maria lief auf ihn zu. »Entschuldige bitte. Ich hab's nicht eher geschafft. Mußte erst noch die Schularbeiten für Miß Allwit erledigen.« Sie sah kurz zu dem Mann im weißen Anzug auf, murmelte ein »Guten Tag« und fragte dann: »Können wir jetzt los?«

Ben nahm die gute Gelegenheit erleichtert wahr. »Oh, ja, natürlich. Mr. Gashville, ich wollte Sie nicht stören, bestimmt, ich...« Himmel, mach's nicht noch schlimmer, dachte er und folgte dem Mädchen.

Als er neben Maria durch den Saal ging, fühlte er Gashvilles Blick wie ein Stechen im Rücken.

2

Der Regenbogensee trug seinen Namen zu Recht. Er glitzerte bunt im Schein der karibischen Sonne. Hinter einem mehr als zwanzig Meter hohen und silbrig-weiß gischtenden Wasserfall erhob sich der Mount Peak, ein etwa fünfhundert Meter hoher Berg, die grauen Felsen unter einer Decke aus üppigem Grün verborgen.

Das Floß der beiden Kinder schwebte über einem knapp zwanzig Meter tiefen Abgrund. Diesen Eindruck gewann Ben jedenfalls, als er sich ein wenig vorbeugte und ins Wasser schaute: Unter ihm eine dünne Schicht spiegelnder Glätte, und darunter kristallene Leere. Reglos und ohne Wellenbewegung lag der See in einem langen, von Palmen und Kiefern gesäumten Tal. Ab und zu, wenn Ben oder Maria ihr Gewicht verlagerten, schwankten die hölzernen Planken unter ihnen.

Ein dreißig Meter langes Seil verband das Floß mit einer alten Anlegestelle, die weit in den See ragte.

»Und du bist wirklich sicher, daß es hier keine Krokodile gibt?« fragte Maria voller Unbehagen und sah sich um.

Ben seufzte. »Ich hab's dir doch schon gesagt. Hier sind wir völlig sicher.« Er streckte den Arm aus und deutete auf die hundert Meter entfernten Felsen, hinter denen die Stromschnellen begannen. »Gefährlich ist es nur stromabwärts, im sumpfigen Delta der Mündung.« Er sprach in einem düsteren Tonfall, wie Max Baxter, wenn er Unheil witterte. »Dort lauern hungrige Echsen und halten nach Opfern Ausschau.«

Er grinste plötzlich. »Allerdings sind es keine Krokodile, sondern Alligatoren. Das ist ein großer Unterschied.«

»Meinst du?« erwiderte Maria spitz. »Sie haben lange Mäuler mit ziemlich spitzen Zähnen. Nur darauf kommt's an.«

Ben zuckte mit den Schultern, holte die Angelschnur ein und überprüfte den Köder. Dann neigte er die Rute nach hinten, und ließ sie sofort wieder nach vorn schnellen. Die kleine Kurbel rasselte leise, als sie dünnen Faden freigab. Der rote Plastikschwimmer glitt auf der trägen Strömung dahin.

Die Fische schienen sich nicht für den Wurm am Haken zu interessieren. Einige graue Schuppenkörper beäugten den Köder aus der Nähe, aber entweder hatten sie keinen Hunger oder argwöhnten eine Falle: Keiner von ihnen biß an.

Ben wischte sich den Schweiß von der Stirn und spielte mit dem Gedanken, sich im See abzukühlen, entschied sich dann aber dagegen. Immer wieder kehrten seine Gedanken zu Duncan Dwight Gashville zurück. Wie wäre Max Baxter an seiner Stelle vorgegangen? Welche Ermittlungen hätte er angestellt, um die Wahrheit herauszufinden?

»Maria?« sagte er nach einer Weile. »Du kennst doch den komischen Typ, der vor zwei Tagen mit einer Reisegruppe ankam? Gashville. Ein Mann, der sich überhaupt nicht wie ein normaler Urlauber benimmt, immer feine Anzüge trägt...«

»Und eine dunkle Sonnenbrille. Sogar bei euch im Hotel.«

Ben nickte. »Genau der.« Er berichtete kurz von seinen

Erlebnissen. »Innerhalb von nur achtundvierzig Stunden hat er mehr als tausend Dollar vertelefoniert. Ich – ich habe ihn belauscht. Erst wählte er ein ziemlich lange Nummer, dann eine kürzere. Ein Anschluß hier auf der Insel. Glaube ich jedenfalls.« In einem bedeutungsschwangeren Tonfall fügte er hinzu: »Und er nannte sich *Henry*.«

»Interessant«, murmelte Maria, ließ ihren Blick über den bunt glitzernden See schweifen und warf das lange, pechschwarze Haar zurück. Bens Bericht weckte ihre Phantasie.

»Ein Geheimagent«, vermutete sie, plötzlich aufgeregt. »Vielleicht ist er gekommen, um sich mit irgendeinem Mittelsmann zu treffen, um einen Mikrofilm abzuholen.«

»Hier bei uns gibt's keine militärischen oder industriellen Geheimnisse zu lüften«, stellte Ben traurig fest. »Und das Touristengeschäft lohnt keine Agenteneinsätze.« Er seufzte enttäuscht. »Außerdem: Mikrofilme sind altmodisch. Sie waren echt *in*, als die Kobra-Gruppe noch ihre unmöglichen Fälle löste, doch heute geht's um Computerchips und Prozessoren.«

»Warum sollten sich Geheimagenten für Videospiele interessieren?« fragte Maria.

Ben verzog das Gesicht. »Mit Computern kann man nicht nur Space Invaders spielen«, belehrte er seine Freundin, »sondern auch Informationen verwalten. Ist zwar recht langweilig, aber du kennst ja die Erwachsenen. Sie begeistern sich für die seltsamsten Dinge.«

»He, vielleicht ist er ein Außerirdischer«, sagte Maria und strahlte übers ganze Gesicht. »Er tarnt sich mit einer menschlichen Maske und wurde zu uns geschickt, um festzustellen, ob sich eine Invasion lohnt.«

Ben schüttelte den Kopf. »Wenn das stimmt, droht wohl kaum eine Gefahr. Gashville-aus-dem-All wird seinen Auftraggebern bestimmt melden, sie sollten sich nach einem anderen Planeten umsehen.«

Aber Maria achtete nicht auf seinen Einwand. »Stell dir das bloß mal vor: Unter seiner Haut versteckt sich ein abscheulicher Schuppenleib. Des Nachts verläßt er heimlich sein Zimmer, sucht nach Mäusen, verschlingt sie...«

»Das Half Moon Hotel ist sauber«, sagte Ben mit der Geduld des Älteren. »Und die Visitors habe ich ebenfalls gesehen. Sie wurden bereits entlarvt, falls dir das entgangen sein sollte...«

»Bist du sicher?«

Der Junge nickte. »Die Besucher vom Sirius machten keinen Hehl daraus, Außerirdische zu sein, erinnerst du dich?« Er seufzte erneut. »Nein, ich glaube, diese Möglichkeit können wir ausschließen. Gashville ist ein Mensch. Aber er heißt nicht Duncan oder Dwight, sondern Henry. Warum benutzt er einen falschen Namen?«

Maria runzelte die Stirn und lauschte. »Hast du das gehört?«

»Was denn?«

Sie horchte. »Etwas hat geknackt...«

»Ein Tier am Ufer.« Ben überlegte, beobachtete den roten Plastikschwimmer seiner Angel, die Felsen am Ende des Sees. Einige Möwen segelten dahin und krächzten. Hinter den beiden Kindern rauschte der Wasserfall, die gleichmäßig murmelnde Stimme des Mount Peak. »Wir sollten ihn im Auge behalten«, schlug der Junge vor. »Ihn – beschatten.«

»Wie Detektive, meinst du?« fragte Maria.

»Wie Max Baxter«, erwiderte Ben und holte tief Luft. »Ich weiß genau, was dabei wichtig ist. Man darf sich nicht erwischen lassen...«

»Das wär' mir auch selbst eingefallen«, sagte Maria vorwurfsvoll.

»Wir folgen ihm, stellen fest, mit wem er sich trifft. Und dann...« Nachdenkliche Furchen bildeten sich auf seiner Stirn. »Wir sammeln Daten und Informationen, legen ein – ein Dossier an. Und dann...«

»Und dann?« fragte Maria erwartungsvoll.

»Kommt Zeit, kommt Rat«, verkündete Ben weise und versuchte, sich seine Unsicherheit nicht anmerken zu lassen. »Wenn wir genug wissen, schalten wir die Polizei ein.«

»Und bringen ihn hinter Schloß und Riegel!« Maria strahlte, doch dann nagten Zweifel an ihrer Begeisterung. »Aber wenn er doch ein Außerirdischer ist? Wenn er plötzlich eine Laserpistole zieht und uns alle verbrennt? Oder...« Sie beugte sich vor, untermalte jedes Wort mit dramatischen Gesten. »Ein Vampir, der mit dem Halleyschen Kometen kam, in der Nähe der Erde aus einem jahrtausendelangen Schlaf erwachte. Irgendwie gelangte er auf die Erde und ist ganz wild nach der Lebenskraft von Menschen. Ben, wie legt man jemandem Handschellen an, der einen innerhalb weniger Sekunden in eine Mumie verwandeln kann?«

»Lifeforce«, ächzte er. »Vampire aus dem Weltraum. Den Film kenne ich auch. Ach, Maria, die Wirklichkeit ist ganz anders als im Fernsehen, begreifst du das denn nicht? Denk nur mal an Roadrunner und seinen ewigen Verfolger. Coyote stürzt dauernd von hohen Felsen, aber er stirbt nie. Wenn wir in eine hundert Meter tiefe Schlucht stürzten ...«

»Das sind Zeichentrickfilme.« Maria musterte ihn ärgerlich. »Hältst du mich etwa für blöd? Ich weiß, daß solche Personen nicht echt sind, nur gemalt.«

Das Knacken wiederholte sich, und das Floß unter den beiden Kindern schien zu erzittern. Ben drehte erschrocken den Kopf, dachte an Max Baxter, der während seiner Ermittlungen vom Hauptverdächtigen überrascht wurde ...

Auf dem Steg hinter ihnen standen vier größere Jungen: Manuel und seine Kumpane.

Sie grinsten hämisch.

»Diesmal seid ihr dran!« rief Manuel. »Diesmal kommt ihr nicht so einfach davon.«

Manuel, der dauernd die Schule in San Miguel schwänzte. Der einst Bens Freund gewesen war. Bevor er ihn verspottete, weil er einen großen Teil seiner Freizeit mit einem kleinen Mädchen verbrachte, mit Maria, die erst in die zweite Klasse ging. Weil Ben behauptete, sie habe ihm beigebracht, mit Delphinen zu sprechen. Die Freundschaft verwandelte sich rasch in Feindseligkeit, als Manuel den Vorderreifen von Bens Fahrrad zerstach, als sie ihm dafür am Strand die Kleidung stibitzten und ihn zwangen, splitterfasernackt nach Hause zurückzukehren. Manuel haßte es, ausgelacht zu werden. Seit jenem Zwischenfall sann er auf Rache.

Ben vergaß Max Baxter. Der Meisterdetektiv kämpfte gegen Mister Q, der die Herrschaft über die ganze Welt an sich reißen wollte. Er hielt sich nicht mit rachsüchtigen Jugendlichen auf.

In keinem einzigen Max-Baxter-Roman fand sich ein Hinweis darauf, wie man mit Burschen vom Schlage Manuels fertig wurde.

Ben legte seine Angelrute zur Seite und stand langsam auf. »Laßt uns in Ruhe!« rief er. »Wir sind längst quitt.«

»Von wegen!« Manuel lachte, und die drei anderen Jungen kicherten, als ihr Anführer nach dem Seil griff.

Ben ahnte nichts Gutes. »Was habt ihr vor?«

»Was haltet ihr von einer kleinen Floßfahrt?« spottete Manuel. »Über den Regenbogensee und dann stromabwärts, durch die Stromschnellen bis zum Mündungsdelta. Grüßt die Krokodile von uns.«

»Es sind Alligatoren!« hielt ihm Maria spitz entgegen. Sie erhob sich ebenfalls und stampfte mit dem Fuß auf, wodurch die hölzernen Planken noch heftiger schwankten. »Das weiß doch jedes Kind.«

Manuel lachte boshaft, bückte sich und löste den Knoten des Seils. Unter ihm knackte der wackelige, verwitterte Steg. »Ich glaube, das spielt keine große Rolle. Bestimmt halten sie euch für Leckerbissen.«

»Himmel, bist du übergeschnappt?« Bens Sorge verwandelte sich allmählich in Furcht. »Das ist kein harmloser Streich mehr. Wir geraten in Lebensgefahr, wenn ihr…«

Manuel und zwei seiner Freunde hielten das Ende des Stricks. »Laßt euch doch von eurem Delphin retten!« schrien sie höhnisch.

Die Jungen ließen los.

Langsam wurde das Floß von der Anlegestelle weggetrieben.

Ben mußte zusehen, wie Manuel und seine drei Kumpane über den Steg eilten und im Dickicht am Ufer verschwanden. Er rief ihnen nach, doch die Jungen reagierten nicht. Der Wald schwieg, schien den Atem anzuhalten.

Die träge Strömung erfaßte das Floß und trug es den Felsen am Ende des Sees entgegen. Das Rauschen der Stromschnellen wurde lauter.

Zwei Fahrräder blieben auf dem Kiesstrand zurück.

Ben und Maria waren so verdutzt, daß sie nicht daran dachten, ins Wasser zu springen und an Land zu schwimmen. Diese Möglichkeit fiel Ben erst ein, als das Floß auf den Wellen zu schaukeln begann, als neben den Planken Strudel gurgelten.

Maria reagierte schneller als er. Sie ließ ihre Angel fallen, stieß sich ab und verschwand in den Fluten. Ben zögerte noch immer, vor Schreck wie gelähmt, und starrte auf die hohen, rauhen Felsen.

Maria tauchte wieder auf. »Komm endlich!« rief sie.

Ein plötzlicher Ruck nahm Ben die Entscheidung ab. Das Floß schabte über einen glatten, im Wasser verborgenen Stein hinweg, und dadurch verlor Ben das Gleichgewicht und fiel.

Kühle schloß sich um ihn.

Die Strömung zerrte an ihm, und einige Sekunden lang verlor der Junge die Orientierung, ruderte mit Armen und Beinen und wußte nicht mehr zwischen oben und unten zu unterscheiden. Mit der einen Schulter stieß er an etwas Hartes und fühlte jähen Schmerz, der durch den Rücken stach.

»Ben! Wo bist du, Ben?«

Sein Kopf durchstieß die Wasseroberfläche, und keuchend schnappte er nach Luft. Die Stromschnellen waren nur noch wenige Meter entfernt, und daran schloß sich das sumpfige Delta an, das Reich der Alligatoren. Er glaubte bereits, ihr Zischen und Fauchen zu hören, dachte an graugrüne, gepanzerte Echsenkörper, die sich hungrig in den schlammigen Fluß schoben...

Max Baxter gerät nie in Panik, fuhr es ihm durch den Sinn. Er kennt keine Angst. Aber jetzt fiel es ihm sehr schwer, dem Beispiel des Meisterdetektivs zu folgen und die Ruhe zu bewahren. Er schwamm, versuchte, sich über Wasser zu halten, tastete mit ausgestreckten Händen nach einem Felsen. Doch seine Finger fanden keinen Halt, glitten an dem Stein ab.

Ein brauner, geschmeidiger Körper tauchte neben ihm auf und bewegte sich mit der sicheren Eleganz eines Fisches durch die Fluten. Maria packte seinen rechten Arm, zerrte mit solcher Kraft daran, daß Ben sich erstaunt aus einem Reflex heraus widersetzte. Dann begriff er seinen Fehler und ließ sich führen.

Kalter Stein, rauh und kantig. Ben klammerte sich daran fest, spürte nach wie vor den Sog der Strömung. Aber jetzt gelang es ihm, dagegen anzukämpfen, sich langsam in die Höhe zu ziehen. Das Zerren und Reißen ließ nach.

Ben blieb auf dem Felsen liegen und atmete schwer. Als er den Kopf hob und im hellen Schein der Sonne blinzelte, sah er das Floß. Es tanzte auf den Wellen der nahen Stromschnellen, verwandelte sich binnen weniger Sekunden in einen kleinen, braunen Fleck, der mit den lohfarbenen Tönen des Sumpfes verschmolz.

»Was ist denn nur mit dir los?« fragte Maria, die dicht neben ihm hockte. »Du schwimmst doch sonst viel besser.«

Ben schüttelte hilflos den Kopf. »Keine Ahnung, ich . . .« Er hustete, spuckte Wasser. »Ich hab' überlegt, wie sich Max Baxter an meiner Stelle verhalten würde . . .«

Das Mädchen musterte ihn einige Sekunden lang. »Weißt du was? Langsam geht mir dein komischer Max Baxter echt auf die Nerven. Ist er jemals in einen Fluß gefallen? Kann er mit Delphinen reden? Hat er die Astronauten einer abgestürzten Raumfähre gerettet?«

Ben schüttelte verlegen den Kopf, erinnerte sich an das Geheimnis der Delphine, das er mit Maria teilte, dachte an die mysteriöse Insel im glitzernden Dunst, an die Stadt im Nichts, durch die sie mit den Raumfahrern geflohen waren. Nein, *solche* Abenteuer erlebte der Meisterdetektiv nicht. Er beschränkte sich nur selten darauf, einzelne Personen zu retten. Meistens stand bei seinen Einsätzen nicht weniger als das Schicksal der ganzen Welt auf dem Spiel.

»Muß er sich etwa über jemanden wie Manuel ärgern?«

Ben schüttelte den Kopf.

»Na also«, brummte Maria und strich ihr nasses Haar zurück. Das weiße T-Shirt klebte an ihrem Oberkörper fest. »Unsere Angeln sind weg«, fügte sie kleinlaut hinzu. »Schade. Ich hab' eine ganze Woche lang daran gearbeitet.«

Diese Worte brachten Ben endgültig in die Wirklichkeit zurück. Er stand auf, starrte über die Stromschnellen und betrachtete die vielen aus dem Wasser ragenden Felsen – wie Trittsteine, die bis zum Ufer reichten. »Wenn ich Manuel erwische, kann er was erleben«, stieß er wütend hervor.

»Er ist größer als du. Größer und stärker.«

»Das macht überhaupt nichts«, erwiderte Ben mit männlicher Zuversicht. »Mir fällt bestimmt was ein.«

Die beiden Kinder sprangen über die einzelnen Steine, erreichten kurz darauf den Kiesstrand und kehrten zu ihren Fahrrädern zurück. Von Manuel und seinen Freunden war weit und breit nichts mehr zu sehen.

3

»Offenbar haben Sie unser Geld gut verwendet«, sagte der hochgewachsene Mann im schneeweißen Anzug und rückte sich die dunkle Sonnenbrille zurecht.

»Es ist nicht nur Ihr Geld«, entgegnete Dr. Wilson.

Der Mann, der sich Duncan Dwight Gashville nannte, lachte dünn und humorlos. »Oh, ich weiß. Aber wir haben eine Menge in Ihr Projekt investiert. Vergessen Sie das nicht.«

Wie könnte ich? dachte Wilson. Sie erinnern mich ja dauernd daran. Während sie durch die Forschungsstation schritten, beobachtete er seinen Besucher aus den Augenwinkeln. Gashville gefiel ihm nicht. Er wirkte aalglatt, viel zu selbstsicher, fast arrogant. Die meiste Zeit über blieb sein Gesicht eine ausdruckslose Maske und verbarg das, was er dachte und empfand. Außerdem schien er in erster Linie an die Technik zu denken. Er war eben kein Wissenschaftler. Ein Verwalter, fügte Wilson in Gedanken hinzu. Jemand, der über die Verwendung umfangreicher finanzieller Mittel entscheidet, Anweisungen gibt, auswertet, Informationen kauft. Unbehagen regte sich in ihm. Die Zahlungen des Aufsichtskomitees genügten bei weitem nicht, um alle Kosten des Projekts zu decken. Er *brauchte* Gashvilles Unterstützung, und das bedeutete, daß er Zugeständnisse machen mußte.

Wilson haßte Kompromisse.

»Die Anlage besteht aus insgesamt fünfunddreißig größeren und kleineren Räumen«, erklärte er, während sie durch einen breiten und langen Korridor gingen. An der Decke brannten Neonröhren. »Hinzu kommen sieben inzwischen voll ausgestattete Laboratorien, in denen meine Assistenten an neuen Sensoren arbeiten. Die Miniaturisierung der Stimulationsmechanismen ist bereits weit fortgeschritten.«

»Bitte keine Fachsimpeleien«, sagte Gashville scharf. »Drücken Sie sich möglichst einfach aus.«

Sie kamen an einer breiten Fensterfläche vorbei, hinter der einige Männer und Frauen in weißen Kitteln mit kompliziert anmutenden Geräten arbeiteten. Sie grüßten flüchtig, und Wilson erwiderte den Gruß. Auf der rechten Seite konnte man über eine hohe Brüstung auf einen der vielen Kanäle hinunterschauen.

Wilson seufzte innerlich. »Wie Sie meinen. Nun, die eigentliche Technik demonstriere ich Ihnen später, an einem konkreten Beispiel.« Er machte eine ausladende Handbewegung. »Wie ich schon sagte: fünfunddreißig Räume, sieben Laboratorien, mehrere Lager, eine Computerzentrale, in der alle Daten gesammelt und analysiert werden.«

Gashville nickte wohlwollend. »Mit anderen Worten: die notwendigen Voraussetzungen für einen raschen Erfolg.«

Wilson blieb vor einer Tür stehen, holte eine Kunststoffkarte hervor und schob sie in einen schmalen Schlitz. Ein leises Summen, und die Tür schwang zur Seite. »Darüber hinaus haben wir uns zu strengen Sicherheitsmaßnahmen entschlossen. Ich nehme an, es liegt auch in Ihrem Interesse, daß unser Projekt geheim bleibt.«

»In der Tat«, bestätigte Gashville herablassend.

Durch die große Fensterfront im vorderer Teil der Forschungsstation fiel helles Tageslicht. Ein breiter Strand erstreckte sich jenseits der gläsernen Barriere, und im Süden waren die dunklen, steilen Felswände der Klippen zu sehen. »Der nächste Ort – San Miguel – ist fast zehn Kilometer entfernt«, erklärte Wilson. »Nur selten verirren sich Touristen hierher. Wir werden also nicht gestört.«

Gashville nickte wortlos.

Sie setzten den Weg durch einen anderen Flur fort, und Wilson deutete auf das dunkle Wasser des Kanals. »Die einzelnen Becken sind untereinander verbunden und können mit Netzen und anderen Vorrichtungen abgetrennt werden. Außerdem läßt sich das Tunnelsystem mit Hilfe von mobilen Wänden jederzeit verändern. Wir nutzen diese Möglichkeit, um den Orientierungssinn der Delphine zu testen.«

»Interessant«, sagte Gashville. Es klang wie: Kommen Sie endlich zur Sache.

»Genügt das als Überblick?« fragte Wilson ein wenig nervös. Er wußte nicht, wie er das kühle Benehmen seines Besuchers deuten sollte.

»Ich denke schon«, sagte Gashville distanziert. »An den Vorbereitungen gibt es nichts auszusetzen. Ich erwarte also, daß Sie mir innerhalb kurzer Zeit Ergebnisse vorlegen.«

»Wir dürfen nichts überstürzen.« Wilson wählte seine Worte mit besonderer Vorsicht. »Das verstehen Sie sicher. Im Prinzip betreiben wir erst Grundlagenforschung.«

Gashville hob die Brauen und musterte ihn.

Trotz der dunklen Sonnenbrille glaubte Wilson, das Blitzen in den Augen des hochgewachsenen Mannes zu erkennen. Er befeuchtete sich die Lippen. »Ich meine, wir müssen erst noch Aufschluß über gewisse Aspekte im Verhalten der Tümmler gewinnen, bevor wir mit dem Konditionierungsverfahren beginnen.«

Gashvilles Brauen stiegen noch höher.

»Bevor wir sie für Ihre Zwecke ausbilden können«, fügte Wilson hastig hinzu.

»Sie erwähnten eben ein konkretes Beispiel.«

»Oh, ja, natürlich, Henry.« Er kannte nur den Vornamen und sprach ihn aus, um die Distanz zwischen ihnen zu verkürzen. Aber Gashville reagierte nicht, blieb kühl und unnahbar. »Kommen Sie.«

Das zentrale Bassin befand sich in einem ovalen Vorbau der Station, und ein breiter, von Betonwänden begrenzter Kanal verband es mit dem Meer. An die Glaswand schloß sich unten ein Schott an, das nach Belieben geöffnet oder geschlossen werden konnte. »Es weist zwei verschiedene Schalteinheiten auf«, erläuterte Wilson und trat an das hohe Geländer. Seine kleine, dürre Gestalt spiegelte sich einige Meter weiter unten auf dem Wasser wider. »Die Motoren können von einem der Instrumentenpulte aus mit Strom versorgt werden.« Er deutete auf die Geräteblöcke an den Wänden. »Aber wenn ein Taucher unsere Delphine nach draußen begleiten will, kann er das Schott auch auf andere Art öffnen. Sehen Sie die dunkle Tafel dicht über dem Grund? Die vier unterschiedlich gefärbten Gummitasten darauf? Wenn sie in einer bestimmten Reihenfolge gedrückt werden, schiebt sich das Schott zur Seite. Wir haben vergeblich versucht, die Tümmler mit dem Code vertraut zu machen. Sie begreifen ihn nicht, sind einfach zu dumm.«

»Zu dumm, Dr. Wilson? Ich dachte, Delphine seien recht intelligente Tiere.«

»Die Betonung liegt auf *Tiere*«, sagte der Wissenschaftler. »Einer meiner Kollegen – ein Biologe namens Bud Porter, der ebenfalls für das Komitee arbeitet – hält Delphine für *vernunftbegabt*.« Wilson schnaubte abfällig. »Aber das ist natürlich Unsinn. Oh, sicher, man kann sie dressieren, insbesondere den Großen Tümmler, aber das ist schließlich auch mit anderen Tieren möglich, zum Beispiel mit Hunden.«

»Ich verstehe«, sagte Gashville nachdenklich. Er zeigte auf die dunkle Kontrolltafel und die bunten Gumminoppen. »Was geschieht, wenn es den Delphinen wirklich gelänge, die Station zu verlassen?«

»Oh, nichts weiter. Wir haben draußen ein Netz gespannt. Das meinte ich eben, als ich von Dummheit sprach. Normalerweise wären die Delphine in der Lage, darüber hinwegzuspringen. Aber sie begreifen es einfach nicht. Sie sehen nur ein Hindernis im Wasser und weichen davor zurück. Das ist einer der sonderbaren Punkte in ihrem Verhaltensmuster: Sie haben Angst vor Kollisionen, fürchten sich davor, an etwas zu stoßen.«

»Aber es gibt Ausnahmen«, sagte Gashville.

Wilson mied seinen Blick. »Ja«, gestand er zögernd ein. »Ja, das stimmt. Gestern ist einer der Delphine entkommen, eins der ersten Exemplare, mit denen wir hier arbeiteten.«

»Das mit den Hirnsonden?«

Wilson nickte. »Bei den andern setzen wir nur noch die miniaturisierten Sensoren ein, um ähnliche Pannen zu vermeiden.«

»Pannen?«

»Vermutlich ein Kurzschluß. Der Tümmler verlor die Orientierung, geriet in Panik. Sonst hätte er nie den Mut aufgebracht, über das Netz zu springen.«

Sie verließen die ovale Kammer, gingen durch einen weiteren Korridor und betraten kurz darauf ein kleines Zimmer. Ein junger Mann, der nur eine Badehose trug, saß auf der Treppe, die ins Becken hinabführte. Seine Beine baumelten im Wasser, dicht neben dem grauen Leib eines fast zwei Meter langen Delphins, der Augenklappen trug. Der Mann klopfte beruhigend auf den Rücken des Tümmlers und befestigte ein kleines, scheibenförmiges Instrument.

»Jack?« sagte Wilson.

Der junge Mann drehte sich um.

»Bitte bereiten Sie Emily für einen Test vor. Die übliche Ausstattung.«

»In Ordnung.«

Wilson führte seinen Besucher in eine winzige Kammer, die höchstens drei oder vier Personen Platz bot, nahm vor einigen Instrumenten Platz und deutete auf einen zweiten Stuhl. »Setzen Sie sich – Henry«, sagte er.

»Wer ist Emily?«

»Eine sehr geschickte Delphindame«, sagte Wilson, erlaubte sich ein zögerndes Lächeln und betätigte einige Tasten. Ein großer Bildschirm erhellte sich, zeigte den Meeresgrund vor der Forschungsstation. Weiter hinten war der dunkle Schatten des Netzes zu erkennen. Vorn, zwischen zwei großen, bunten Korallenstöcken, lag ein länglicher Gegenstand. Die Ausmaße ließen sich nur schwer abschätzen.

»Ein alter Torpedo, den wir als Ziel benutzen«, erklärte Wilson. »Sehen Sie die knollenartige Auswölbung an einem Ende?« Als Gashville nickte, fuhr er fort: »Eine entschärfte Haftmine. Emilys Aufgabe besteht darin, sie zu entfernen und am Rand des Netzes abzulegen.«

Gashville beugte sich vor. »Interessant«, murmelte er. Diesmal schien er es ernst zu meinen.

Wilson drückte eine andere Taste, und ein zweiter Monitor erhellte sich, nicht ganz so groß wie der erste. Das Bild zitterte, und der Aufnahmewinkel veränderte sich dauernd. Fische und Felsen glitten vorbei.

»Die Kamera ist auf Emilys Rücken befestigt«, sagte Wilson.

Einige Sekunden später erschien der Delphin auf dem anderen Bildschirm: ein schlanker, grauweißer Leib, der sich mit anmutigen Schwanzschlägen dem Torpedo und der Bombenattrappe näherte. Emily schwamm heran, doch einige Meter vor dem Ziel zögerte sie.

»Die Augen...«

»Klappen aus weichem Kunststoff«, sagte Wilson. »Emily kann überhaupt nichts sehen, orientiert sich allein anhand ihres Sonars. Auf diese Weise stimulieren wir ihre akustische Wahrnehmung.«

Der Wissenschaftler zog ein kleines Gerät zu sich heran, schaltete es ein. Dioden und Flüssigkristallfelder glühten.

»Der Sender.«

Gashville sah ihn fragend an.

»Die von uns entwickelten Sensoren. Emily trägt einen auf dem Kopf. Ja, ich meine die kleine, dunkle Scheibe. Diese Sensoren empfangen die Signale des Senders und leiten sie ins Gehirn der Delphine. Dadurch lösen wir die gewünschten Reaktionen aus.«

Daumen und Zeigefinger bewegten einen Schieberegler.

Der Tümmler auf dem großen Bildschirm schien sich zu versteifen, schwamm dann weiter und erreichte den Torpedo. Die Schnauze tastete nach der Haftmine, löste sie vom Stahl.

»Sehen Sie?«

»Ich bin nicht blind«, sagte Gashville ruhig.

Eine Taste klickte leise, und Emily wandte sich abrupt zur Seite, die Haftmine im Maul. »Und jetzt...« Wilson flüsterte plötzlich. »Leg die Bombe vor dem Netz ab. Sei schön brav...«

Emilys Schwanz zuckte, katapultierte den grauen Körper in Richtung der dunklen Barriere. Eine Zeitlang glitt sie vor den Maschen hin und her, drehte sich dann um und verschwand nach rechts. Hastig veränderte Wilson die Monitoreinstellungen, konnte Emily jedoch nicht in den Aufnahmefokus zurückbringen.

Der zweite Monitor zeigte die Mauern des Vorbaus, die finstere Öffnung der Schleuse. Wilsons Hände verkrampften sich um den Sender, betätigten Tasten in rascher Folge. Nichts geschah.

»Verdammt!« fluchte er, sprang auf und verließ das Zimmer. Er achtete nicht darauf, ob Gashville ihm folgte oder im Raum blieb. Mit langen Schritten eilte er durch den Flur, riß die Karte hervor und preßte sie in den Türschlitz. Ein elektronischer Abtaster las die im Magnetstreifen gespeicherten Informationen, identifizierte ihn und entriegelte das Schloß.

Wilson lief in die ovale Kammer des Vorbaus, starrte auf das Wasser im weiten Bassin und sah einen grauen Schemen.

Emily tauchte dicht neben dem Rand des Beckens auf und schleuderte die Haftmine mit einer ruckartigen Kopfbewegung zur Treppe. Ein metallenes Scheppern erklang.

»Bumm«, äußerte Gashville mit unüberhörbarer Ironie. »Der Delphin hat gerade Ihre Station in die Luft gesprengt.«

Wütend drückte Wilson auf mehrere Tasten des Senders. Emily quiekte, krümmte sich zusammen, stieß an die unterste Stufe und zappelte wie in einem Krampf.

»Was tun Sie da?« fragte Gashville.

»Ich bestrafe Emily«, stieß Wilson hervor. »Sie ist ungehorsam gewesen, und dafür muß sie büßen.« Mit seltsamer Genugtuung beobachtete er den zuckenden Delphin, und blinzelte verwirrt, als ihn Gashville an der Schulter berührte.

»Ich glaube, das genügt jetzt.«

Wilson ließ den Sender sinken und gab dem jungen Mann, der oben vor der Korridortür stand, einen Wink.

»Bringen Sie sie fort, Jack. Und untersuchen Sie den Sensor. Das Ding scheint nicht richtig zu funktionieren.« Er sah zu Gashville hoch und bemerkte sein eigenes Spiegelbild im Glas der dunklen Sonnenbrille: ein blasses, eingefallenes Gesicht, tief in den Höhlen liegende Augen, grau wie Schiefer, darüber schütteres, zerzaustes Haar.

»Es – es tut mir leid«, ächzte er leise. »Leider sind die Kontrollgeräte noch nicht perfekt. Aber ich versichere Ihnen, es ist nur noch eine Frage der Zeit, bis wir . . .«

»Drei Wochen«, unterbrach ihn Gashville. »Sie haben drei Wochen Zeit, Wilson. Wenn Sie uns bis dahin nicht die ersten ausgebildeten Delphine liefern können, stellt Concordia Industries die finanzielle Unterstützung für Sie ein. Dann geht der Auftrag an jemand anders.«

Der Wissenschaftler schluckte. »Ich brauche mehr Tümmler, Henry. Die zwanzig, die ich von Ihnen bekommen habe, genügen nicht. Wir müssen mit – mit Ausfällen rechnen. Und außerdem . . .« Ihm fiel etwas ein, und plötzlich erhellte sich sein Gesicht. »Können Sie Einfluß auf das Komitee nehmen?«

Gashville lachte humorlos. »Ich denke schon.«

»Bud Porter, mein – mein Kollege . . . Auch er befaßt sich mit Delphinen, schon länger als ich. Wenn ich Gelegenheit hätte, seine Forschungsunterlagen einzusehen, käme ich einen großen Schritt voran. Darüber hinaus hat er einige Tümmler, die ich gut gebrauchen könnte.«

»Ich kümmere mich darum«, sagte Gashville ruhig.

»Wissen Sie, genau darin besteht das Problem. Ich benötige bessere Versuchstiere. Mit Delphinen wie Flipper . . .« Wilsons Blick wanderte in die Ferne.

»Flipper?«

»Sie wohnen doch im Half Moon Hotel. Es wundert mich, daß Sie ihn noch nicht kennengelernt haben.«

»Werden Sie etwas deutlicher.«

»Tracy Webbs Sohn, Ben, hat einen Delphin. Er nennt ihn Flipper. Seine kleine Freundin Maria und er behaupten, sie könnten mit ihm sprechen. Das ist natürlich völliger Quatsch, Sie wissen ja, wie Kinder sind, bilden sich eine Menge ein, leben in einer Phantasiewelt. Aber eins steht fest: Flipper ist außergewöhnlich begabt, wenn Sie so wollen. Ja, ein sehr gelehriger Tümmler...«

Gashville blickte demonstrativ auf seine Armbanduhr. »Ich muß jetzt gehen. Drei Wochen, Wilson. Denken Sie daran. Einundzwanzig Tage.«

Wilson sah dem Mann im schneeweißen Anzug nach und fluchte lautlos. Auf seiner inneren Sympathieskala wies der Zeiger für Gashville auf »unausstehlich«.

4

»Jetzt ist Manuel wirklich zu weit gegangen«, sagte Tracy wütend und besorgt zugleich. »Wir sollten etwas unternehmen, um zu verhindern, daß sich solche Vorfälle wiederholen.«

Ben, seine Mutter, Maria und Bud Porter saßen an einem Ecktisch auf der Hotelterrasse. Ein dunkler, sternenübersäter Himmel spannte sich über dem Strand und der karibischen See, und die Hitze des Tages wich angenehm lauer Kühle. An den anderen Tischen unterhielten sich Urlauber beim Abendessen, lachten vergnügt. Kinder liefen über den Strand, und einige Touristen genossen ein spätes Bad im Meer.

Maria ließ die Gabel sinken. »Er ist gemein«, kommentierte sie den Bericht Bens.

Der Junge stocherte lustlos in seinem Essen.

»Meine Güte, ihr hättet ertrinken können!« ereiferte sich Tracy. »Was meinst du, Bud? Was hältst du davon, wenn ich mit Manuels Vater spreche? Oder mit seiner Lehrerin, Miß Allwit?«

Bud Porter starrte in die Ferne und schien sie gar nicht zu hören. Eine sanfte Brise spielte mit seinem Haar, und die blaugrünen Augen blickten nachdenklich und auch ein wenig sorgenvoll.

»Bud?«

Ben sah erst seine Mutter, dann den Biologen an, der ein guter Freund der Familie war. Einmal mehr stellte er sich Bud Porter als neuen Vater vor und lächelte innerlich. Seit ihrer Scheidung zögerte Tracy mit eigensinniger Beharrlichkeit, erneut eine feste Beziehung einzugehen, und er nahm an, daß diese der Grund für den Rest von Förmlichkeit war, der noch immer zwischen ihr und Bud bestand. Er wußte, daß auch Wilson seiner alleinstehenden Mutter den Hof machte, und der Gedanke, sie könne ihm den Vorzug geben, entsetzte Ben geradezu.

»Bud?« wiederholte Tracy.

Der Biologe zuckte zusammen und lächelte verlegen. »Oh, entschuldige bitte.«

Tracy seufzte. »Wir sprachen gerade über Manuel. Hast du überhaupt zugehört?«

Er nickte und wandte sich ihr voll zu. »Ein Gespräch mit Manuels Vater hätte nur wenig Sinn. Er hängt an der Flasche und vernachlässigt seinen Sohn. Er scheint sich überhaupt nicht für ihn zu interessieren. Und was Miß Allwit angeht... Nun, sie gehört zu den wenigen Leuten, die Manuel respektiert, aber sie kann sich nicht nur um ihn kümmern. Sie hat viele andere Schüler, die ihre Aufmerksamkeit erfordern.«

»Aber irgend etwas *muß* geschehen«, beharrte Tracy.

»Ach, laß nur, Mom«, sagte Ben. Er ahnte, daß sich Bud in Gedanken mit ganz anderen Dingen befaßte, schlüpfte in die Rolle des Vermittlers zwischen ihm und seiner Mutter. Auch Max Baxter vermittelte manchmal. »Vielleicht hört er jetzt endlich auf. Wenn er glaubt, daß wir quitt sind...«

Maria sah ihn verwundert an, nickte dann, als sie verstand. »So schlimm war's eigentlich gar nicht«, sagte sie. »Wir gehen ihm in Zukunft einfach aus dem Weg.«

Tracy musterte die beiden Kinder einige Sekunden lang und nickte. »Hoffentlich genügt das. Aber falls Manuel euch erneut nachstellt, schlage ich Krach.«

Sie schob den Teller zurück, trank einen Schluck Wein und blickte übers Meer. Gerade ging der Mond auf, und sein blasser Schein verwandelte die Karibik in strahlendes Silber.

»Was ist mit dir los, Bud?« fragte sie nach einer Weile. »In einer Stunde hast du nicht mehr als ein paar Sätze gesagt. Du bist doch sonst nicht so schweigsam.«

»Tut mir leid.« Porter schüttelte den Kopf. »Ich denke dauernd an heute morgen zurück. Kennst du Lopez und seinen Sohn Juan?«

Tracy nickte. »Fischer aus San Miguel.«

»Ja. Feine Leute. Nun, heute morgen waren sie wieder draußen, und als sie das Netz einholten...«

Bud Porter hob den Kopf, sah Ben und Maria an und schien mit sich zu ringen. Schließlich traf er eine Entscheidung und fuhr fort: »Ein toter Delphin hatte sich in den Maschen verfangen.«

»Oh«, flüsterte Maria traurig.

»Eine seltsame Sache«, sagte Porter wie zu sich selbst. »Der Körper war mit Geschwüren bedeckt, und Drähte ragten aus dem Kopf.«

»Das ist ja schrecklich!« rief Tracy.

»Sie brachten den Kadaver zu mir, und ich habe ihn gründlich untersucht.« Wieder ein kurzer Blick zu den beiden Kindern. »Ich weiß nicht recht, ob...«

»Wir sind keine Babys mehr«, sagte Ben.

Tracy zögerte, nickte dann.

»Der Delphin starb nicht etwa aus Erschöpfung, wie ich zuerst annahm.« Bud Porter starrte wieder ins Leere. »Sein Gehirn war regelrecht verbrannt. Irgend jemand hat die Drähte für starke Elektroschocks benutzt.«

»Wer ist zu so etwas fähig?« fragte Tracy entsetzt.

Der Biologe zuckte mit den Schultern. »Keine Ahnung. Vermutlich stammte der Delphin aus einer Forschungsstation. Er entkam und verendete im Meer.«

Ben war zutiefst erschüttert. Porter nannte weitere Einzelheiten, aber der Junge hörte nicht mehr hin. Er dachte an das Volk der Meere, dem auch Flipper angehörte, erinnerte sich an die Versammlung der Delphine. Vor vielen tausend Jahren hatten sie eine Botschaft aus dem All empfangen, und seitdem nahmen sie eine ganz besondere Mission wahr: Sie halfen den Menschen, soweit sie es konnten, versuchten, sie vor der Zerstörung ihrer Umwelt zu warnen – vor einer Katastrophe, die schon einmal eine andere Welt zerstört hatte. Aber nur Ben und Maria konnten sie verstehen. Für alle anderen blieben die schnatternden und zirpenden Stimmen der Delphine bedeutungslos. Und der Mensch, dem die Tümmler helfen wollten, schreckte nicht davor zurück, sie zu quälen, sie zu töten, wenn sie Fischgründe bedrohten, die er als sein Eigentum betrachtete.

»Ich frage Flipper«, schlug Maria vor. »Vielleicht weiß er, woher der Delphin gekommen ist.«

Bevor Tracy oder Bud antworten konnten, trat ein Mann an den Tisch.

»Bitte verzeihen Sie meine Aufdringlichkeit«, sagte er. »Ich möchte Sie nicht stören, aber ich hörte gerade, daß Sie über Delphine sprechen. Ein höchst interessantes Thema, wenn Sie mir dieser Bemerkung gestatten.«

»Sie stören keineswegs«, erwiderte Tracy‹, doch Ben hörte aus ihrer Stimme einen unfreundlichen Unterton heraus und wußte, daß sie nicht ganz ehrlich war. Sie hielt sich jedoch an ihre Grundsätze als Hoteldirektorin, und der erste davon lautete: Sei immer höflich zu den Gästen. »Bitte nehmen Sie Platz, Mr. Gashville.«

Ben hätte sich fast verschluckt und sehnte sich nach einer Tarnkappe, die ihn von einer Sekunde zur anderen unsichtbar machen konnte. Aus den Augenwinkeln beobachtete er Maria, die ganz ruhig neben ihm saß, den Blick auf Duncan Dwight Gashville gerichtet, der sich nun auf den einzigen noch freien Stuhl setzte.

Auf den Stuhl, der direkt neben Ben stand.

Reiß dich endlich zusammen, dachte er, verlegen über seine eigene Reaktion. Denk an Max Baxter. Hat der Meisterdetektiv jemals den Wunsch verspürt, im Boden zu versinken, wenn er einem Verdächtigen gegenübertrat?

Fast trotzig schob er das Kinn vor, so sehr auf sich selbst konzentriert, daß er die ersten Worte Gashvilles überhörte.

»...faszinierende Tiere. Angeblich hat Ihr Sohn einen solchen Spielgefährten, Miß Webb. Stimmt das?«

»Oh, ja. Er heißt Flipper.«

»Wir können mit ihm sprechen«, warf Maria ein, und Ben schauderte innerlich, als er das fröhliche Lächeln des Mädchens sah.

»Sprechen?« fragte Gashville.

Die dunklen Gläser der Sonnenbrille verbargen seine Augen. Trotzdem spürte Ben einen stechenden, durchdringenden Blick auf sich ruhen. Einige Sekunden lang rutschte er unruhig hin und her, zwang sich dann dazu, gerade und steif zu sitzen.

»Ja«, bestätigte Maria. »Ben und ich verstehen genau, was uns Flipper sagt. Als die Raumfähre Hawkwind verschwand, teilte er uns mit, daß sie in der Karibik abgestürzt ist, aber niemand wollte uns glauben. Bis wir zusammen mit Flipper losgezogen sind und es geschafft haben, die vier Astronauten zu retten.«

»Die Hawkwind?« Gashville sah Tracy und Bud Porter an. »Ist das wahr?«

Bens Mutter nickte stolz, und Bud runzelte die Stirn.

Er hat ebenfalls Verdacht geschöpft, jubelte Ben innerlich. Max Baxter Jr. hat noch eine Chance.

Der Junge räusperte sich, bevor er fragte: »Warum interessieren Sie sich für Delphine?«

Gashville wandte langsam den Kopf. »Ach, das ist eine lange Geschichte, die dich sicher langweilen würde...«

»Oh, ich habe eine Menge Zeit«, sagte Max Baxter, als er gefesselt vor Mister Q saß...

»Erzählen Sie nur«, sagte Bud Porter und beugte sich ein wenig vor. Maria schwieg nun, aber um ihre Lippen spielte noch immer ein fröhliches Lächeln. Sie wirkte keineswegs mißtrauisch, und Ben fragte sich mit zunehmender Nervosität, ob sie auf die gespielte Freundlichkeit des seltsamen Mannes hereinfiel. Sie hatte ihm bereits zuviel anvertraut.

»Tja, Sie wissen vermutlich, daß ich Architekt bin«, begann Gashville und schien nach den richtigen Worten zu suchen. »Vor einigen Jahren habe ich in Florida eine Villa gebaut, für einen reichen Industriellen, dessen Kinder mit einigen Delphinen Freundschaft geschlossen hatten...«

Viel zu glatt, dachte Ben. Ich glaube dir kein Wort.

»Seit damals faszinieren mich die Tümmler. Ben, ich würde deinen Flipper gern kennenlernen...«

»Mein Sohn ist sicher bereit, Ihnen den Delphin vorzustellen. Nicht wahr, Ben?«

Ihr zweiter Grundsatz als Hoteldirektorin: Stell die Gäste immer zufrieden. Erfüll ihnen jeden Wunsch.

Der Junge starrte auf den Tisch.

»Ben?«

»Ja, Mom.« Er sah wieder auf, begegnete kurz dem Blick des Mannes, der inzwischen die Sonnenbrille abgenommen hatte. Warum eigentlich nicht? dachte Max Baxter Jr. Dann hast du wenigstens die Möglichkeit, ihn zu beobachten. Vielleicht gibt er sich eine Blöße. Vielleicht verrät er sich irgendwie. »Morgen nachmittag?« fragte er.

»Einverstanden.« Gashvilles Lächeln wuchs in die Breite, doch nach wie vor sparte es die grauen, kalt glänzenden Augen aus. Einige Sekunden lang schwiegen sie, und als die Stille peinlich zu werden begann, stand der Mann auf. Er schien mit den Schatten der Nacht zu verschmelzen an Substanz zu verlieren, als er sich aus dem Lichtschein der Lampions entfernte. »Ich möchte Sie nicht länger stören...« Er nickte den beiden Erwachsenen am Tisch zu, musterte kurz Maria und dann Ben. Die grauen Pupillen flüsterten: Du hast doch gelauscht, nicht wahr?

Der Junge ließ erleichtert den angehaltenen Atem entweichen, als sich Gashville umdrehte und ins Hotel zurückkehrte.

»Du hast recht«, raunte Maria so leise, daß nur Ben sie hören konnte. »Irgend etwas stimmt nicht mit ihm.«

Er brummte dankbar und versuchte, seine wirbelnden Gedanken zu ordnen. Geistesabwesend hörte er Tracy und Bud zu, die ihr Gespräch fortsetzten. Einer der wichtigsten Punkte bei Ermittlungsarbeiten hieß Initiative. Der Meisterdetektiv und Agent Null Null Siebeneinhalb plante sorgfältig, bevor er damit begann, Mister Qs Komplizen zu entlarven. Er stellte ihnen nach, nicht umgekehrt.

»So, es wird Zeit für mich«, sagte Bud Porter schließlich und erhob sich.

Maria sprang auf. »Ich geh' mit meiner Tante nach Hause.« Sie meinte Esmeralda, die als Köchin im Hotel arbeitete. »Wir legen ihm das Handwerk«, hauchte sie Ben zu, winkte und eilte fort.

43

Der Junge wartete, bis sich Tracy und Bud verabschiedet hatten und folgte dann dem Biologen. Als Porter neben seinem Wagen stehenblieb, der vor dem Hotel parkte, trat Ben zu ihm.

»Bud...«

»Ja?«

»Was hältst du von ihm? Von Gashville.«

In Porters Mundwinkeln zuckte es kurz. »Tracy hat mir bereits alles erzählt. Du bist wieder auf Verbrecherjagd, stimmt's?«

»Findest du es nicht merkwürdig, daß sich ein Architekt für Delphine interessiert?« Hastig berichtete Ben von dem Telefongespräch Gashvilles und betonte insbesondere, daß sich der Mann mit dem Namen »Henry« vorgestellt hatte. Dann fügte er hinzu, es sei von einer »Menge Geld« die Rede gewesen.

»Nun, eins steht fest: Er ist ein Mann, der sich nur schwer einschätzen läßt, sehr beherrscht und reserviert.« Bud Porter blickte über das im Mondschein glitzernde Meer und überlegte. »Aber das bedeutet noch lange nicht, daß er in eine Verschwörung verwickelt ist.«

»Er benutzt einen falschen Namen«, wiederholte Ben ungeduldig. »Bitte, ich brauche deine Hilfe, Bud. Mit deinen guten Beziehungen zur Küstenwache...«

»Worauf willst du hinaus?«

Eine Anfrage beim Computerarchiv der Einsatzzentrale – Max Baxter bekam immer die Informationen, die er brauchte.

»Du könntest feststellen, ob seine Angaben wahr sind, ob er wirklich Gashville heißt.«

»Du meinst eine Identitätskontrolle«, sagte Bud Porter und verzog das Gesicht. »Nun, ich weiß nicht so recht...«

»Bitte!«

Der Biologe holte den Autoschlüssel hervor und öffnete die Tür. »Mal sehen«, erwiderte er. »Komm morgen nachmittag zu mir, in Ordnung?«

Ben strahlte. »Danke, Bud.«

5

Duncan Dwight Gashville begnügte sich nicht mit einem einfachen Schlauchboot, sondern kam mit einer luxuriösen, zehn Meter langen Motoryacht. Ben und Maria sahen sich staunend unter Deck um: ein Salon mit Ledersesseln, ein großes Bad mit Messingarmaturen, mehrere kleine, aber sehr bequem wirkende Schlafnischen, Fernsehen, Videorecorder, sogar ein Homecomputer mit elektronischen Spielen. Es fehlte nichts.

»Toll«, sagte Maria.

»Freut mich, daß euch das Schiff gefällt.« Gashville nickte gutmütig. Trotz der Hitze trug er einen moosgrünen Anzug mit Weste und schien nicht einmal zu schwitzen.

»Es ist gemietet, nehme ich an«, warf Ben vorsichtig ein.

»Natürlich. So eine Yacht kostet eine Menge Geld, und ganz abgesehen davon: Meine Arbeit läßt mir nur selten Zeit für längere Fahrten auf dem Meer.«

Sie kehrten an Deck zurück, gingen am Ruderhaus vorbei und erreichten die breite Heckplattform. Die Yacht dümpelte träge auf den Wellen, mehrere hundert Meter vor dem

Strand. Die Sonnenschirme und Liegen sahen aus wie bunte Flecken auf strahlendem Weiß.

»Was arbeiten Sie denn?« erkundigte sich Ben wie beiläufig.

»Das sagte ich doch schon.« Es klang fast tadelnd. »Ich bin Architekt, baue Häuser, Brücken und so weiter.« Gashville betätigte eine verborgene Taste in der rückwärtigen Wand des Ruderhauses. Die Holzvertäfelung glitt summend beiseite, und dahinter kam ein Barschrank zum Vorschein. »Bitte, bedient euch.«

Maria wählte eine kalte Coca Cola, und Ben entschied sich für Orangensaft. Während er am Strohhalm saugte, beobachtete er den Mann möglichst unauffällig. Gashville trank Mineralwasser, ohne Eis, ohne Zitrone. Wie Mister Q, dachte der Junge und verspürte neuerliches Unbehagen.

»Aber wir sind nicht hier, um über mich zu sprechen«, sagte Gashville, nahm auf einem Klappstuhl Platz und setzte wieder die dunkle Sonnenbrille auf. »Ihr wolltet mir doch euren Delphin zeigen, oder?«

»Ja.« Maria trat an die Heckreling, formte mit den Händen einen Trichter vor dem Mund. »Flipper!«

»Hört er euch, wenn ihr ihn ruft?« fragte Gashville, und zum erstenmal glaubte Ben eine Spur von Verwirrung in seiner Stimme zu entdecken.

»Er hört uns immer. Ganz gleich, wo er ist.«

»Eine Art telepathische Verbindung?«

Das Mädchen zuckte mit den Schultern. »Mit Telepathie kenne ich mich nicht aus. Ich weiß nur, daß mich Flipper versteht.«

Sie warteten einige Minuten, und schließlich klatschte Maria vergnügt in die Hände, deutete auf einen grauweißen Schatten, der durchs Wasser huschte.

Flipper tauchte auf, streckte den Kopf aus dem Wasser und schnatterte.

Gashville verließ seinen Platz und trat ebenfalls an die Reling. Ben stellte das Glas Orangensaft zur Seite und folgte seinem Beispiel.

»Ich möchte dir jemanden vorstellen, Flipper«, sagte Maria vergnügt.

Der Delphin quiekte, tanzte auf der Rückenflosse und ließ sich zurückfallen. Gashville wich einige Schritte zurück, als Wasser aufspritzte.

Ben hatte plötzlich das Gefühl, als verrieten sie etwas. Er erinnerte sich an einen der vielen Romane Mr. Readgoods: Max Baxter, gefangen in einer entlegenen Grotte, in einer der vielen Basen Mister Qs: Die Helfershelfer des kriminellen Verschwörers verabreichten dem Meisterdetektiv eine Droge, verhörten ihn, und es blieb Max Baxter keine andere Wahl, als wahrheitsgemäß Auskunft zu geben. Mister Q triumphierte natürlich, und der aufgeregte Leser, in diesem Fall Ben, befürchtete das Schlimmste...

Er drehte sich um und betrachtete argwöhnisch das Glas Orangensaft.

Maria und Gashville redeten miteinander, aber ihre Stimmen schienen aus weiter Ferne zu kommen, vereinten sich mit dem leisen Flüstern des Windes.

Ben schwamm im Meer, im Körper eines Tümmlers, umgeben von vielen anderen Delphinen. Sie sangen ein glückliches Lied, während sie an bunten Korallen vorbeitauchten, doch aus der fröhlichen Melodie wurde ein trauerndes Klagen, als sie die Rufe namenloser Freunde vernahmen.

Netze spannten sich.

Dunkle Tunnel, begrenzt von Betonwänden. Darüber Gänge und Flure, lange Korridore mit breiten Glasfenstern, hinter denen Menschen arbeiteten.

Schmerzen im Kopf, verursacht von dünnen Drähten, die elektrische Impulse verabreichten. Schließlich andere Vorrichtungen: scheibenartige Geräte, die auf der Haut festklebten, die dünnen Gespinste von Träumen und Gedanken zerschnitten, mit einem jähen Stechen straften, mit künstlichem Wohlbehagen belohnten...

Flipper zirpte.

»...gefangene Delphine, die leiden und sich nach Freiheit sehnen, die vergeblich versuchen, sich verständlich zu machen«, sagte Maria gerade. Sie hielt die Fingerkuppen an die Schläfen gepreßt, während sie den geschmeidigen Körper im Wasser beobachtete. Flipper schwamm an der Yacht entlang, holte Luft, tauchte, sprang.

»Gefangene Delphine«, wiederholte Gashville mit einem leisen Stöhnen.

Schweißperlen standen auf seiner Stirn.

Ben ließ ihn nicht aus den Augen, verdrängte die Bilder, die er von Flipper empfing. Gashville schien zu wanken und seine Hände schlossen sich fester um die Reling. Irgend etwas schien seine innere Ruhe zu erschüttern und die kühle Selbstsicherheit in Frage zu stellen.

»Du – du kannst wirklich mit ihm sprechen«, sagte er leise.

Gashvilles Aufmerksamkeit galt allein Maria, und Ben

wandte den Blick nicht von ihm ab. Der seltsame Mann erweckte den Eindruck, als sei er zugleich verblüfft, erschüttert und fasziniert – eine eigentümliche Mischung, fand Ben.

»Erzähl mir mehr von ihm, Maria«, sagte er leise. Flipper schwamm hin und her, zirpte und schnatterte. Erneut sah Ben dunkle Tunnel, ein breites, geschlossenes Schott, die vagen Schatten von Menschen, die sich am Rande der Becken und Bassins bewegten, Instrumente in den Händen hielten, Tasten drückten.

»...hat er mich gerettet, als das Schiff unterging...«, sagte Maria. »Sonst wäre ich ebenfalls ertrunken oder von den Haien gefressen worden, wie die anderen...«

»...und in der Grotte wuchs eine kristallene Blume, in ihr die Stimmen der Träumer...«

»...die Delphine wollen den Menschen helfen, sie davor bewahren, ihre Welt zu zerstören. Es sind Brüder...«

Ben wollte ihr zurufen: »Halt den Mund! Du verrätst ihm alles! Wir können ihm nicht vertrauen!« Aber eine sonderbare Taubheit befiel seinen Hals, lähmte Stimmbänder und Zunge, während er fremden Schmerz empfand, das Leid jener Delphine, von denen Flipper berichtete.

Er tauchte, einige Dutzend Meter vor dem Ufer, näherte sich einem langen Gegenstand aus Stahl, der auf dem Grund lag. An einem Ende war ein rundliches Objekt befestigt.

Etwas kitzelte auf seinem Kopf, brannte heiß.

Er krümmte sich zusammen und wollte fliehen, aber dieser Wunsch verflüchtigte sich, wich dem Zwang, mit der Schnauze zu greifen, zu bergen.

Seine Zähne schabten über festes Metall...

»Was ist mit dir los?«

Ben blinzelte und fand sich vor der Reling wieder. Einige Meter unter ihm hoben und senkten sich die Wellen; eine dreieckige Rückenfinne ragte aus dem Wasser, verschwand kurz darauf, als Flipper fortschwamm.

»Es – es geht schon wieder«, stieß der Junge hervor und sah sich verwirrt um. »Flipper – er macht sich solche Sorgen, er trauert...« Er sah sich um. »Wo ist Gashville?«

»Nach unten gegangen. War ziemlich durcheinander.«

»Himmel, Maria, warum hast du ihm alles gesagt?«

Das Mädchen lächelte hintergründig. »Um ihn aus der Reserve zu locken. Um dir die Möglichkeit zu geben, ihn zu beobachten. Nun, was meint Max Baxter zu diesem Fall?«

Ben faßte sich wieder. »Er ist mehr denn je davon überzeugt, daß irgend etwas nicht mit rechten Dingen zugeht. Gashville verheimlicht etwas, da bin ich ganz sicher. Ist dir aufgefallen, wie er reagierte, als du die ›gefangenen Delphine‹ erwähnt hast? Meine Güte, er war ganz aus dem Häuschen...«

Schritte näherten sich.

Gashville hatte unten in der Kabine seine Jacke abgelegt. Er trug jetzt nur noch Hose und Hemd. Die Ärmel hatte er hochgekrempelt. Heller Sonnenschein zauberte funkelnde Reflexe auf die dunklen Brillengläser.

»Euer Flipper ist einzigartig«, sagte er, nun wieder ruhig und gefaßt. »Was haltet ihr davon, ihn mir für einige Stunden zu überlassen? Ich würde ihn gern einem – Bekannten zeigen.«

Kommt überhaupt nicht in Frage, dachte Ben wütend. Aber

bevor er antworten konnte, sagte Maria: »Ich glaube, es wird Zeit, zum Hotel zurückzugehen. Nicht wahr, Ben?«

»Oh, äh, ja. Ja, da hast du völlig recht, Maria. Wissen Sie, Mr. Gashville, wir sind mit Bud Porter verabredet. Bestimmt wartet er schon auf uns.«

Der Mann schwieg einige Sekunden und starrte die beiden Kinder an. Ben wurde so nervös, daß er von einem Bein aufs andere trat. *Aber nicht doch, Mister Baxter. Wollen Sie uns jetzt schon verlassen?* Plötzlich hielt Mister Q eine Pistole in der Hand und zielte auf den Agenten. *Offenbar wissen Sie meine Gastfreundschaft nicht zu schätzen, Max. Das bedaure ich. Ja, das bedaure ich sehr.* Langsam krümmte sich der Zeigefinger um den Abzug... Ben mußte sich zusammennehmen, daß er sich nicht zur Seite fallen ließ, um in Deckung zu gehen.

»Oh, natürlich«, sagte Duncan Dwight Gashville alias Henry. Er nickte. Wenn er enttäuscht war, so ließ er sich nichts anmerken. »Vielleicht können wir noch einmal gemeinsam rausfahren. Morgen oder übermorgen, hm?«

»Vielleicht«, erwiderte Maria ausweichend.

»Ich verstehe. Nun...« Gashville drehte sich um und ging zum Ruderhaus. Kurz darauf brummte der Motor.

Ben seufzte erleichtert, als sie sich dem Strand näherten.

6

Die beiden Kinder blieben an der Anlegestelle stehen und sahen Gashville nach, der die Treppe hochstieg und die Empfangshalle betrat.

»Bestimmt telefoniert er jetzt wieder«, sagte Ben.

»Er wollte sich Flipper schnappen.« Maria knirschte mit den Zähnen.

»Ja. Und ich dachte schon...« Er sah noch immer Mr. Qs Pistole.

»Ich schlage vor, wir essen ein bißchen was«, sagte Maria. »Ich bin halb verhungert. Nachher fahren wir zu Bud.«

Als sie durch den Aufenthaltsraum des Hotels liefen, blickte sich Ben aufmerksam um. Er hatte sich nicht getäuscht: Gashville stand in einer der Nischen, den Telefonhörer ans Ohr gepreßt.

Eine halbe Stunde später brachen sie auf und traten kräftig in die Pedale. Der Strand blieb rasch hinter ihnen zurück, ebenso der Aussichtsfelsen, den man »Alter Mann« nannte, weil seine Form an einen vornübergeneigt stehenden Greis erinnerte. Zikaden zirpten, als sie durch den Pinienwald und dann weiter auf der Straße nach San Miguel fuhren.

Im Ort herrschte die Ruhe des Nachmittags. Auf den Bürgersteigen waren nur wenige Passanten unterwegs, auch einige neugierige Touristen, die sich immer wieder den Schweiß von der Stirn wischten. Die Witwe Finckel öffnete gerade ihren Laden und winkte den beiden Kindern freundlich zu. Ben und Maria erwiderten den Gruß, hielten aber nicht an. Sie kamen an der Schule vorbei, und Ben dachte kurz an seine Lehrerin Miß Allwit, an ihr Haus, in dem es von magischen Gegenständen wimmelte. Fast unwillig schüttelte er den Kopf. Max Baxter hielt nichts von Voodoo und ähnlichem Unsinn, und er war entschlossen, die Einstellung des Meisterdetektivs zu teilen – obgleich ihn übernatürliche Dinge wie Zauberei nach wie vor faszinierten.

»Schau mal«, sagte Maria plötzlich und trat auf die Bremse. Es quietschte leise.

Am Straßenrand parkte der gemietete Rover Gashvilles, und davor stand Dr. Wilsons Wagen.

Ben zog sein Fahrrad rasch auf den Bürgersteig, lehnte es an die Wand und zog sich in eine kleine Seitengasse zurück. Maria folgte ihm.

»Was bedeutet das?« fragte sie leise.

»Keine Ahnung.« Eine Zeitlang warteten sie schweigend. Nach einigen Minuten öffnete sich auf der anderen Straßenseite eine Haustür, und jemand trat nach draußen: ein kleiner, hagerer, fast mickrig wirkender Mann mit auffallend blassem, hohlwangigem Gesicht. Er trug einen grauen Anzug, der ihm eine Nummer zu groß zu sein schien. Ben erkannte ihn auf den ersten Blick: Dr. Wilson, Konkurrent und Rivale Bud Porters.

Ein zweiter Mann folgte ihm: Gashville.

Die beiden Männer sprachen miteinander. Ben und Maria spitzten die Ohren, konnten jedoch nichts hören. Gashville zog einen braunen Umschlag aus der Innentasche seiner moosgrünen Jacke und reichte ihn dem Wissenschaftler. Wilson öffnete ihn, zog einige Papiere daraus hervor, überflog sie, und nickte mit offensichtlicher Zufriedenheit.

Dann verabschiedeten sie sich, stiegen in ihre Wagen. Motoren brummten. Reifen wirbelten Staub auf.

»Die Sache gefällt mir überhaupt nicht«, sagte Ben. »Was hat Wilson mit Gashville zu tun?«

»Delphine, Sherlock Holmes«, erwiderte Maria spitz.

»Beide interessieren sich für Delphine. Komm jetzt, wir sind schon spät dran.«

»Das ist Duncan Dwight Gashville«, sagte Bud, nahm hinter seinem Schreibtisch Platz und reichte Ben ein Foto.

Der Junge betrachtete das Bild, sah einen pausbäckigen, etwa sechzig Jahre alten und übergewichtigen Mann.

»Wohnhaft in Montgomery, Alabama, USA«, fügte der Biologe hinzu. »Beruf: Architekt.«

Ben und Maria starrten verblüfft auf die Fotografie.

»Ich hab' sie von Peter Kenwood erhalten«, erklärte Bud Porter und lehnte sich zurück. »Einem alten Freund bei der Küstenwache.«

»Aber...«, begann Maria.

Diesmal kam ihr Ben zuvor. »Also benutzt *unser* Gashville einen falschen Namen.«

»Ja.«

Ben sah auf. »Und?«

»Und was?«

»Das ist der Beweis!« Er reichte das Foto Maria. »Der Beweis dafür, daß Gashville etwas verheimlicht. Ich bin sicher, er...«

»Immer mit der Ruhe.« Bud Porter lächelte und breitete die Arme aus. »Das mit dem falschen Namen beweist überhaupt nichts. Vielleicht möchte er seinen Urlaub nur in aller Ruhe verbringen. Vielleicht ist er eine Berühmtheit und fürchtet, von Reportern und Journalisten belästigt zu werden, wenn seine wahre Identität bekannt wird.«

»Du hast ihn doch gestern abend erlebt«, sagte Ben. »Kommt er dir wie ein normaler Tourist vor?«

Porter lachte leise. »›Normale‹ Touristen gibt's überhaupt nicht. Die meisten haben den einen oder anderen Tick, schlüpfen im Urlaub in eine ganz andere Rolle.«

»Ich meine...«

»Ja, Ben, ich weiß, was du meinst.« Der Biologe wurde wieder ernst. »Nun, um ganz ehrlich zu sein: Gashville ist wirklich ein wenig seltsam.«

»Er hat sich mit Wilson getroffen«, warf Maria ein.

»Was?«

»Wir haben sie beide gesehen, in San Miguel«, sagte Ben. »Gashville reichte ihm einen Umschlag mit irgendwelchen Papieren.«

»Und er wollte sich unseren Flipper ausleihen«, fügte Maria hinzu. »Kannst du dir das vorstellen?«

Bevor Bud Porter Antwort geben konnte, öffnete sich die Tür des Büros, und die Assistentin Susanne eilte herein. Sie wirkte sehr aufgeregt. »Bud, die Delphine sind völlig außer Rand und Band...«

Porter und die beiden Kinder folgten ihr ins Delphinarium der Marinestation. Das große Becken war direkt mit dem Meer verbunden, und der Kanalzugang wurde praktisch nie geschlossen.

Zwei Exemplare der Gattung *Delphinus delphis* sausten durchs Bassin, sprangen, zirpten. Und ein dritter grauweißer Leib gesellte sich ihnen hinzu.

»Flipper!« rief Maria überrascht.

Der Tümmler ritt auf der Schwanzflosse und quiekte laut. Ben zwinkerte, als er weitere Bilder empfing, als er sich ins Meer versetzt fühlte und *litt*. Ein Mann, gehüllt in einen weißen Kittel... Er stand dicht vor der Brüstung, hielt ein

Gerät in den Händen und betätigte in rascher Folge mehrere Tasten. Heiße Pein durchzuckte ihn, raubte ihm die Orientierung. Aber die Reaktion bestand nicht aus Haß: Er spürte nur Kummer, traurige Verzweiflung, Sehnsucht nach Freiheit.

»Was ist nur mit ihnen los?« fragte Susanne besorgt.

»Irgend jemand quält Delphine«, sagte Maria, beugte sich vor und berührte Flippers Rücken. »Er bittet uns, ihm zu helfen. Er möchte seine Freunde befreien.«

Der Tümmler sprang, tauchte dicht vor der gegenüberliegenden Wand, kehrte zurück und schnatterte erneut.

»Delphine, die in einer anderen Forschungsstation gefangen sind«, fuhr Maria wie in Trance fort. »Es waren einmal zwanzig, aber jetzt sind es weniger. Sie leiden und – und sterben.«

Mauern aus Beton. Netze, in einem Labyrinth aus vielen Kanälen gespannt. Mobile Trennwände. Über dem Wasser grelles Neonlicht, nicht der warme Schein der karibischen Sonne.

»Bitte, Bud, wir müssen ihnen helfen.« Maria sah den Biologen flehend an.

»Delphine in einer anderen Forschungsstation?« Nachdenklich runzelte er die Stirn. »Dafür kommt nur...«

»...Wilson in Frage.« Ben schlug sich mit der Faust auf die flache Hand. »Es paßt alles zusammen. Der Tümmler, der gestern den Fischern ins Netz ging. Gashvilles auffallendes Interesse für Delphine. Das Treffen mit Wilson.«

Bud wandte sich an seine Assistentin. »Susanne?«

»Dr. Wilson hat ebenfalls einen offiziellen Forschungsauftrag vom Komitee erhalten«, sagte die junge Frau. »Vor einigen Wochen richtete er eine neue Station ein, nördlich der Klippen. Mehr weiß ich nicht.«

»Es *ist* eine Verschwörung«, behauptete Ben mit dem sicheren Gespür des Meisterdetektivs. »Und sie richtet sich gegen das Volk der Meere.« Er schauderte plötzlich, als ihm einfiel, daß es Gashville auch auf Flipper abgesehen hatte.

Hinter ihnen öffnete sich eine Tür, und jemand sagte laut: »Was fällt Ihnen ein? Sie können doch nicht...«

»Doch, ich kann«, verkündete Dr. Wilson herablassend und eilte mit langen Schritten am Becken entlang, gefolgt von einem zweiten Assistenten Bud Porters.

Die kleine, hagere Gestalt im zerknitterten Anzug wirkte völlig fehl am Platze, und Ben hörte, wie Maria leise kicherte. Wilsons Gesicht glänzte so rot wie eine reife Tomate. »Dr. Pepper«, flüsterte sie und erinnerte an den Spitznamen des Wissenschaftlers.

»Dr. Wilson«, sagte Porter kühl. »Normalerweise empfange ich Besucher nur auf Anmeldung.«

»Er stürmte einfach an mir vorbei«, entschuldigte sich der Assistent.

»Niemand rührt sich von der Stelle!« befahl der kleine Mann mit beispielloser Arroganz. Er hob den Kopf. »Ich beschlagnahme hiermit alle Ihre Forschungsunterlagen.«

»Wie bitte?« fragte Porter verdutzt.

»Sie haben mich richtig verstanden.« Umständlich knöpfte Wilson seine Jacke auf und holte einen braunen Umschlag hervor. »Das Aufsichtskomitee hat mich dazu autorisiert...«

»Sind Sie übergeschnappt?« erkundigte sich Bud Porter ruhig.

Wilson holte tief Luft. »Keineswegs, verehrter Kollege«, erwiderte er mit hämischer Freude, öffnete den Umschlag und entnahm ihm mehrere Blätter. »Während einer Konferenz heute morgen beschloß das Komitee...«

Porter riß ihm die Papiere aus der Hand, starrte auf den Text. Ben spähte an ihm vorbei, hörte einige gemurmelte Worte: »...mit sofortiger Wirkung... Abschriften aller Forschungsunterlagen...« Der Biologe hob den Kopf. »Hier ist von Abschriften die Rede, nicht von einer Beschlagnahme.«

»Kopien genügen mir völlig.«

Wilson wippte auf den Zehenspitzen und genoß seinen Triumph.

»Ich verstehe das nicht. In der letzten Woche hat mir das Komitee Anerkennung für meine Arbeit ausgesprochen, und jetzt das hier.«

»Offenbar ist es endlich zu der Einsicht gelangt, daß mein Projekt eine wesentlich größere Bedeutung hat.«

Porter kniff die Augen zusammen. »Auch Sie untersuchen Delphine, nicht wahr? Gestern brachten mir zwei Fischer einen im Meer verendeten Tümmler. Auf der Haut hatten sich Dutzende von Geschwüren gebildet, und Drähte ragten aus dem Kopf.«

Für einen Sekundenbruchteil huschte Unsicherheit über Wilsons bleiche Züge, aber er fing sich sofort wieder.

»Was wollen Sie damit sagen?« fauchte er.

»Oh, nichts weiter.« Porter deutete ins Becken auf drei graue Körper, die nun wieder ruhig schwammen. »Flipper hat uns gerade von Delphinen erzählt, die in einer anderen Forschungsstation gequält werden.«

Wilson lachte, doch es klang nervös, gezwungen. »Glauben Sie noch immer an die Intelligenz der Tümmler, Dr. Porter? Daran, daß sie sprechen können? Sie sind ein Narr!« Er atmete schwer, mußte sich beherrschen, um nicht laut zu lachen. »Lesen Sie. Sie sind nicht nur dazu verpflichtet, mich mit den bisher erzielten Forschungsergebnissen zu unterstützen. Das Komitee ermächtigt mich auch zur Verwendung Ihrer Delphine.«

Er stürmte an Porter vorbei, der noch immer ungläubig auf das Dokument starrte, näherte sich der Glasfront am Ende des Delphinariums und drückte eine Taste. Motoren summten. Die Schleuse bewegte sich.

Maria rannte plötzlich los, eilte an der Brüstung entlang. »Verschwinde von hier, Flipper!« rief sie. »Flieh durch den Kanal!«

Wilson hielt das Mädchen an einem Arm fest. »Der Tümmler bleibt hier. Er gehört dir nicht.«

»Dir auch nicht«, erwiderte Maria und versuchte, sich aus dem festen Griff des Wissenschaftlers zu befreien.

Flipper näherte sich dem Schleusentor, das sich langsam schloß. Die beiden anderen Delphine tauchten an der vorderen Wand des Bassins.

»Lassen Sie Maria los!« schrie Bud Porter, und Ben sah, wie die Zornesadern an seinen Schläfen anschwollen.

Wilson ignorierte ihn. Die eine Hand umklammerte nach wie vor den Arm des Mädchens, und die andere hämmerte auf die Taste. »Ruf ihn zurück«, zischte er. »Sag ihm, er soll im Becken bleiben.«

»Seit wann glauben Sie, daß Delphine die menschliche Sprache verstehen?« fragte Porter spöttisch.

»Flieh, Flipper!« rief Maria und krallte sich an der Brüstung fest. Wilson zerrte sie fort.

Ben gab sich einen Ruck, rannte los. Max Baxter war nicht nur Geheimagent und Meisterdetektiv, sondern auch Retter in der Not, und der Junge sah nun endlich eine Gelegenheit, dieser Rolle gerecht zu werden. Er lief auf Wilson zu und trat ihm mit aller Kraft ans Schienbein.

Der Wissenschaftler stieß einen lauten Schmerzensruf aus und hüpfte mit schmerzverzerrtem Gesicht hin und her. Die beiden Kinder wandten sich sofort von ihm ab und beugten sich weit über den Beckenrand. »Er will dich fangen, Flipper!« schrie Ben aus vollem Halse. »Schwimm durchs Tor!«

Der Tümmler schnatterte, tauchte, schlug mit der Schwanzflosse und näherte sich dem schmaler werdenden Spalt. Noch immer summte der Elektromotor.

Ben wirbelte um die eigene Achse, hastete zur Wand und preßte die Hand auf die andere Taste.

Das leise Brummen erstarb.

»Was fällt dir ein, du Bengel!« brüllte Wilson wütend.

Maria trommelte mit beiden Fäusten auf die Brüstung. »Beeil dich, Flipper! Sonst sitzt du in der Falle...«

Wilson stieß Ben zur Seite, und das Summen ertönte erneut. Das Schott bewegte sich wieder. Nur noch wenige Sekunden, bis der Weg in den Verbindungskanal endgültig blockiert war...

Der Wissenschaftler schob die beiden Kinder vom Bassin fort und breitete die Arme aus. »Wehe, einer von euch rührt das Instrumentenpult an.«

Flipper sprang, fiel zurück.

Wasser schwappte, spritzte Wilson von Kopf bis Fuß naß.

Dann verstummte das Summen des Motors. Dicker Stahl riegelte das Becken ab.

Wilson starrte ins Bassin. »Wo ist er?«

»Er hat es geschafft!« jubelte Maria und deutete durch die Glasfront nach draußen. Flipper tauchte im Kanal, sprang, als er das Meer erreichte. Sein Schnattern klang gedämpft, wie aus weiter Ferne. »Er ist entkommen! Hurra, hurra!«

Wilson fluchte und drehte sich zu Bud Porter und den beiden Assistenten des Biologen um. »Das werden Sie noch bereuen, verlassen Sie sich drauf!«

Porter trug eine Unschuldsmiene zur Schau. »Ich verstehe überhaupt nicht, was Sie meinen, verehrter Kollege.«

»Sie haben nichts unternommen, ruhig zugesehen, wie...«

»Was hätte ich tun sollen? Delphine sind doch nur dumme Tiere, die uns nicht verstehen, oder? Außerdem: Flipper gehört nicht zum lebenden Inventar dieser Marinestation. Er ist in keiner Liste erfaßt, ein freier Tümmler...«

Wilson schnaubte, blieb dicht vor Porter stehen und sah aus funkelnden Augen zu ihm auf. »Warten Sie's nur ab. Ich werde mich offiziell über Sie beschweren, und dann...« Er brach ab, sah an sich herunter. »Sehen Sie nur, was er angestellt hat. Mein Anzug ist ru-i-niert.«

»Das tut mir ja *so* leid.«

Das zornige Funkeln in Wilsons Augen verstärkte sich. »Geben Sie mir jetzt Ihre Unterlagen!« befahl er.

Porter schüttelte den Kopf. »Sie bekommen Kopien, nicht die Originale.«

»Die Anweisungen des Aufsichtskomitees...«

»Sind klar und deutlich«, sagte der Biologe scharf. »Susanne, bitte kümmern Sie sich darum. Ben, Maria – ich glaube, ihr solltet jetzt besser gehen.«

Maria wandte sich dem Ausgang zu, und als sie an dem kleinen Mann vorbeikam, zischte sie: »Du bist gemein, gemein, *gemein*.« Sie trat ihm auf den Fuß, sauste dann davon und verließ das Delphinarium. Ben folgte ihr.

Sie lachten, als sie sich draußen auf die Fahrräder schwangen.

7

»Die Auswertungen sind natürlich noch nicht beendet«, sagte der junge Mann. »Aber wir machen gute Fortschritte. Bud Porters Unterlagen enthalten wichtige Hinweise auf das Verhalten der Delphine.«

Wilson musterte seinen Assistenten und erinnerte sich an den Beginn seiner eigenen Karriere als Wissenschaftler. Ich habe so angefangen wie er, dachte er. Vor rund zwanzig Jahren. Und wo stehe ich heute? Eigentlich trete ich noch immer auf der Stelle, und das ist in erster Linie Bud Porters Schuld. Wenn er mir nicht die besten Forschungsaufträge weggeschnappt hätte... Aber diesmal bin ich dran. Diesmal schaffe ich den Durchbruch!

Sie standen im ovalen Raum, der das Hauptbecken enthielt. Unter dem Steg schwammen mehrere Delphine durch Kanäle und kleinere Bassins. An Instrumentenpulten sitzende Techniker überwachten die Tiere, kontrollierten ihre Bewegungen, stimulierten sie mit schwachen Stromimpulsen. Ab und zu erklang ein leises, irgendwie trauriges Zirpen.

Wilson rieb sich die schweißfeuchten Hände am weißen Kittel ab und spürte, wie Zorn in ihm hochstieg. Dumpfe Wut auf Gashville, der ihn unter Druck setzte, auf den Rest der Welt, der ihn abzulehnen schien, insbesondere auf die Delphine, die mit bemerkenswerter Sturheit jede Möglichkeit zum Ungehorsam nutzten. Als er sich an den gestrigen Nachmittag erinnerte, an seinen Aufenthalt in der Marinestation, kochte sein Zorn heißer.

»Es ist uns bereits gelungen, den Sensor zu verbessern«, fuhr Jack fort und hob den Sender. »Ich habe einige Versuchstiere mit den neuen Versionen ausgestattet. Sehen Sie selbst.«

Der junge Mann betätigte eine Taste, und daraufhin sprangen die Delphine, schauten aus dem Wasser und quiekten. Wilson lehnte sich an die Brüstung und versuchte, seinen Ärger zu vergessen. »Geben Sie her«, sagte er schroff.

Einige Sekunden lang hielt er das kleine Gerät nachdenklich in den Händen, betrachtete stumm die Kontrollen für das, was man im wissenschaftlichen Sprachgebrauch als »positive und negative Konditionierung« bezeichnete: Belohnung und Strafe. Wohlbefinden, wenn Anweisungen durchgeführt wurden, Schmerz als Strafe bei Fehlern. Sein Daumen berührte einen Schieberegler, und die Delphine im großen Hauptbecken tauchten, wandten sich alle gleichzeitig nach links. Ein zweiter Regler, und die Tümmler schwammen nach rechts.

Der Assistent lachte leise. »Es ist fast wie eine Fernsteuerung. Die Kommunikationssignale werden direkt ins Hirn geleitet, und die Reaktion erfolgt sofort. Darf ich?« Jack streckte die Hand aus und drückte eine der Tasten. Die Tümmler schwammen weiter, aber einer von ihnen streckte den Kopf aus dem Wasser und zirpte.

»Kommunikationssignale?«

»Darum ging und geht es bei Bud Porters Forschungen. Er hat die akustischen Signale der Delphine untersucht, sie nach verschiedenen Bedeutungsinhalten getrennt. Nun, man könnte sie fast für eine Sprache halten...«

Wilson sah ihn finster an. »Delphine sprechen nicht«, sagte er scharf.

»Aber sie verständigen sich untereinander«, beharrte Jack.

Wilson unterbrach ihm mit einem Wink. »Das genügt. Kehren Sie an Ihre Arbeit zurück.«

»Wie Sie meinen«, erwiderte der junge Mann enttäuscht und ging.

Wilson starrte eine Zeitlang ins Becken, schlenderte dann über den breiten Steg zu den Technikern hinüber. »Ich brauche Sie jetzt nicht mehr«, sagte er. Die Männer wechselten kurze Blicke, standen auf. Ihre Schritte verhallten im langen Korridor, der den Vorbau mit den Laboratorien und anderen Räumen verband. Eine Tür fiel hinter ihnen ins Schloß.

Stille herrschte, nur unterbrochen von einem leisen Plätschern, wenn einer der Delphine auftauchte und Luft holte. Wilson wog den Sender nachdenklich in der Hand, ließ seinen Blick durch die Halle schweifen und vergewisserte sich, daß er allein war. Dann trat er an den Rand des Stegs, unter dem Wasser schwappte.

Grauweiße Körper glitten durch das weite Bassin, drehten vor dem geschlossenen Schott ab, kehrten zurück, wandten sich zur Seite.

»Könnt ihr sprechen?« flüsterte Wilson heiser. »Könnt ihr *denken*?« Er hob den Sender. »Seht ihr das hier? Es liegt ganz bei euch. Schmerz oder Wohlbefinden. Zuckerbrot und Peitsche – so heißt das bei uns.«

Wieder quoll der Zorn in ihm empor, der kein bestimmtes Ziel hatte. Eine Wut, die sich gegen niemanden und alles richtete. »Ihr seid Tiere!« brach es aus ihm heraus. »Nichts weiter als dumme Tiere, die dressiert und abgerichtet werden müssen. Das stimmt doch, oder?«

Er drückte einen ganz bestimmten Knopf, und von einer Sekunde zur anderen ertönte lautes, peinerfülltes Quieken. Mit sonderbarer Faszination beobachtete Wilson die zuckenden Körper der leidenden Delphine. »Tiere«, wiederholte er flüsternd. »Nur Tiere...«

Wilsons Büro befand sich im vorderen Teil der Forschungsstation, und durchs Fenster hatte man einen Blick auf die Straße hinter der Umzäunung: ein schmales Asphaltband, von Staub und Sand gesäumt. Dahinter wuchsen Palmen, neigten sich im Wind hin und her.

Der Wissenschaftler starrte auf den Stapel Fotokopien, überflog die Überschriften, las hier und dort einen längeren Absatz. Immer wieder wurde die Intelligenz der Delphine betont.

»Unsinn«, murmelte er und schüttelte unwillig den

Kopf. »Quatsch. Firlefanz.« Er begriff einfach nicht, wieso sich Bud Porter solche Mühe gab, die Denkfähigkeit der Tümmler zu beweisen. Er schien in diese Idee verbohrt zu sein. Sicher, die Auswertung der akustischen Signale ließ gewisse Rückschlüsse auf eine gegenseitige Verständigung zu, auch über weite Entfernungen hinweg, aber das bedeutete noch lange nicht, daß Delphine Überlegungen anstellen konnten oder sich wie der Mensch ihrer eigenen Existenz bewußt waren.

Das Volk der Meere, wie es Ben und Maria nannten.

»Lächerlich«, brummte Wilson, schob die Fotokopien ärgerlich zur Seite und achtete nicht darauf, daß einige zu Boden fielen. Er lehnte sich zurück, schloß die Augen, dachte an Flipper. Ein wirklich prächtiges Exemplar der Gattung Tursiops truncatus. Wenn ich ihn untersuchen könnte – bestimmt wäre ich dann in der Lage, eindeutig zu beweisen, daß er keinen Funken Verstand hat, daß seine Reaktionen nur auf Reflexen basieren. Er ist sehr lernfähig, ja. Man kann ihm Kunststücke beibringen – und kindliche Phantasie erledigt den Rest.

Und was ist mit der abgestürzten Raumfähre? flüsterte eine Stimme in ihm. *Wieso »wußte« Flipper davon? Wie konnte er sich den Kindern mitteilen? Wie gelang es Ben und Maria, die vier Astronauten zu retten, obwohl eine großangelegte Suchaktion ohne Erfolg blieb?*

Wilson schob diese Gedanken beiseite, schlug die Augen wieder auf und blickte zur weiß leuchtenden Neonröhre empor. Eigentlich spielten jene Fragen überhaupt keine Rolle, beruhigte er sich. Es kam nur darauf an, die Delphine auszubilden, Gashville zufriedenzustellen. Wenn ihm das innerhalb der festgesetzten Zeit gelang, bekam er einen Auftrag, der ihn über Jahre hinaus beschäftigen würde – Zeit genug, um den endgültigen, unanfechtbaren Beweis für die animalische Natur der Tümmler zu erbringen und Bud Porter als Narren bloßzustellen.

Draußen fuhr ein Wagen vor. Wilson erhob sich, trat ans Fenster heran und schob die Gardine ein wenig beiseite. Ein hochgewachsener Mann stieg aus: dunkle Sonnenbrille, schneeweißer Anzug, weiße Schuhe. Wilson seufzte und bereitete sich innerlich auf eine neue Begegnung mit Gashville vor.

Eine Sekretärin sah auf, als Gashville den Bürotrakt der Forschungsstation betrat. »Sie wünschen?« fragte die junge Frau.

Er schenkte ihr keine Beachtung, ging weiter und öffnete die Tür neben dem Schreibtisch. Wilson stand am Fenster und drehte sich nicht um.

Gashville nahm Platz und schlug die Beine übereinander. »Nun?«

»Nun was?«

»Haben Sie mir nichts zu berichten?«

Der Wissenschaftler ließ die Gardine los, ging einige Schritte und setzte sich. Gashville musterte ihn durch die dunklen Gläser der Sonnenbrille.

Wilsons Gesicht wirkte noch hohlwangiger und eingefallener, als habe er eine schlaflose Nacht hinter sich. Die grauen Augen mieden den Besucher, flackerten nervös. Auf dem Tisch vor ihm lag ein Stapel Fotokopien; einige Blätter lagen auf dem Boden.

»Ich bin Ihnen dankbar«, lautete die zögernde Antwort. »Ohne die Anweisung vom Komitee hätte mir Dr. Porter nie seine Forschungsunterlagen überlassen. Wie haben Sie das geschafft? Ich meine . . .«

Gashvilles dünnlippiger Mund deutete ein Lächeln an. »Es war kein Problem.«

»Ihr Einfluß . . .«

»Mein Einfluß ist beträchtlich«, stellte Gashville fest. »Das dürfte Ihnen inzwischen klar sein.«

Wilson nickte langsam, griff nach einem Stift und drehte ihn hin und her. »Wir sind noch mit der Auswertung beschäftigt«, sagte er nach einer Weile. »Es wird einige Tage oder sogar Wochen dauern, bis sich ein vollständiges Bild ergibt. Wie dem auch sei: Meine Assistenten sind bereits dabei, unsere Sensoren anzupassen, und erste Erfolge zeichnen sich ab.«

»Das freut mich, Dr. Wilson«, sagte Gashville ölig. »Wie Sie wissen, bleibt Ihnen nicht mehr viel Zeit. Wir brauchen Resultate.«

»Ja.« Der kleine Mann nickte. »Mit Porters Delphinen können wir leider nicht viel anfangen. Die Großen Tümmler sind lernfähiger als der *Delphinus delphis*.« Plötzlich stand er auf, trat erneut ans Fenster und starrte nach draußen. »Als ich in der Marinestation war, schwamm auch Flipper im Becken. Er entkam, bevor ich das Schott schließen konnte.«

Gashvilles Arbeit erforderte ein hohes Maß an Menschenkenntnis. Er ahnte, daß Wilson deshalb nicht zur Ruhe kam, weil er mit irgendeinem inneren Teufel kämpfte. Er war ein fähiger Wissenschaftler, eine Kapazität auf dem Gebiet der Delphinforschung, daran konnte kein Zweifel bestehen. Aber es existierte auch ein Widerspruch: Seine Gedanken schienen kanalisiert zu sein; er dachte nur in einer ganz bestimmten Richtung, ignorierte alles andere. Eine bedenkliche Einstellung, fand Gashville.

Laut sagte er: »Ich habe Flipper kennengelernt. Ben und Maria begleiteten mich aufs Meer und stellten mir ihren Tümmler vor.«

Wilson drehte sich um und sah ihn fragend an.

»Ein erstaunliches Tier«, fuhr Gashville mit kühler Ruhe fort. »Man konnte tatsächlich den Eindruck gewinnen, daß sich die beiden Kinder mit ihm unterhielten.«

Wilson schnaubte verächtlich.

»Flipper schnatterte und zirpte, und für mich blieben diese Töne völlig bedeutungslos. Ganz im Gegensatz zu Ben und Maria. Sie hörten ihm zu, sprachen wie in Trance von leidenden Delphinen, die in einer Forschungsstation gefangen seien. Sie beschrieben Mauern aus Beton, Trenn-netze und mobile Wände, mit denen Kanäle unterteilt wer-den können. Sie erwähnten aus dem Kopf ragende Elektro-den, scheibenförmige Geräte...«

Der Wissenschaftler riß die Augen auf und starrte Gash-ville in wortloser Verblüffung an.

»Interessant, nicht wahr?« fügte Gashville im Plauderton hinzu. »Vor allen Dingen, wenn man bedenkt, daß die Kin-der überhaupt keine Ahnung von Ihrem Projekt hatten. Die Frage lautet also: Woher stammten ihre Informationen?«

»Was – was wollen Sie damit sagen?«

»Nun, die Schlußfolgerung liegt auf der Hand: Entweder wissen Ben und Maria mehr, als sie zugeben, oder Flipper teilte ihnen wirklich etwas mit. Welche Reichweite haben die akustischen Signale von Delphinen?«

»Viele Kilometer«, sagte Wilson leise.

»Aha. Vermutlich kennen auch Sie die Geschichten, die man sich über die abgestürzte Raumfähre erzählt, über Flippers Rolle bei der Rettung der vier Astronauten.«

»Glauben Sie etwa daran?« platzte Wilson heraus. Graue Flecken bildeten sich auf seinen bleichen Wangen. »Bestimmt war alles nur ein – ein Zufall. Ein glückliches Zusammentreffen bestimmter Ereignisse.«

»Heisenbergs Unschärferelation?«

»Bitte?«

»Die Wissenschaftler, die ich kenne, denken in rein logischen Bahnen«, sagte Gashville mit unüberhörbarem Tadel. »Sie lehnen keine Vorstellungen ab, die ihnen nicht gefallen. Sie entwickeln Theorien aufgrund ihrer Beobachtungen, stellen mit umfangreichen Versuchen fest, ob das Fundament ihrer Gedankengebäude stabil genug ist, ob ihre Mutmaßungen der Realität entsprechen. Sie sind *nicht voreingenommen*.«

»Was soll das heißen?« fragte Wilson krächzend.

»Ich habe den Eindruck, daß es Ihnen an Objektivität mangelt.«

Wilson setzte zu einer scharfen Erwiderung an, überlegte es sich dann aber anders und schwieg.

Gashville beobachtete ihn eine Zeitlang und räusperte sich. »Ich glaube, Ben ist mißtrauisch geworden. Er hat mich einmal belauscht, als ich telefonierte. Aber ich versichere Ihnen: Er kann nichts Wichtiges gehört haben. Wieso weiß er von dieser Forschungsstation und den Delphinen?«

»Ein Trick!« entfuhr es Wilson. »Er hat Ihnen einen Bären aufgebunden.«

»Mir?« Gashville hob die Brauen.

»Manchmal sind Kinder ziemlich gewitzt.«

»Wilson, ich spüre sehr deutlich, wann jemand die Wahrheit sagt und wann nicht.« Es klang fast wie eine Drohung. »Ben und Maria versuchten nicht, mir etwas vorzumachen. Sie sind fest davon überzeugt, daß Flipper zu ihnen spricht, und ich muß zugeben, daß ich sehr beeindruckt war.«

»Delphine – sind – Tiere«, stieß Wilson hervor. »Tiere können weder denken noch sprechen.«

Das schien ein fester Glaubensgrundsatz des Wissenschaftlers zu sein, so ehern und fest wie eine Religion. Vielleicht lag es an der jahrelangen Auseinandersetzung zwischen ihm und Bud Porter. Porters Forschungen betrafen die Kommunikationsfähigkeit der Delphine, ihre Intelligenz. Und Wilson versuchte seit langer Zeit zu beweisen, daß sich sein Kollege irrte.

»Was jedoch nichts daran ändert, daß Flipper ein einzigartiger Tümmler ist.«

Wilson kehrte an seinen Schreibtisch zurück, setzte sich wieder, schob den Stapel Fotokopien hin und her. Er ist unsicher und verwirrt, stellte Gashville fest. Er fühlt seinen bisherigen Standpunkt bedroht.

»Wenn ich Sie richtig verstanden habe«, fuhr er fort, »sind die Delphine in der Lage, voneinander zu lernen.«

Wilson nickte knapp. »Das stimmt. Die Bereitwilligkeit, sich neue Verhaltensmuster zu eigen zu machen, hängt von dem jeweiligen Status des Tieres in einer bestimmten

71

Gruppe ab. Die Großen Tümmler zeichnen sich durch eine komplizierte Ranghierarchie aus. Der Anführer, wenn Sie so wollen, gibt seine Erfahrungen an die ›Untergebenen‹ weiter.«

»Glauben Sie, die anderen Delphine würden Flipper akzeptieren und von ihm lernen?«

»Es käme auf einen Versuch an.«

»Er gehört niemandem, auch wenn ihn die Kinder für sich beanspruchen. Man kann uns also nicht belangen, wenn wir ihn fangen.«

Wilson stöhnte. »Sie können nicht einfach mit einem Boot rausfahren und ein Netz ausbringen...«

»Das meinte ich auch nicht«, sagte Gashville eisig. »Wir brauchen die – unfreiwillige – Hilfe Bens und Marias.«

»Wollen Sie...«

»Ich?« Gashville schüttelte den Kopf. »Nein, ich komme dafür nicht in Frage. Die Kinder mißtrauen mir. Sie wären sicher nicht bereit, mich noch einmal aufs Meer zu begleiten. Ich habe sie gefragt, aber das Mädchen gab eine ausweichende Antwort. Sie hätten ebenfalls keine Chance. Ich habe mich umgehört: Sie genießen keinen besonders guten Ruf, Dr. Wilson. Zumindest nicht in bezug auf Ihre menschlichen Aspekte. Sie sind den Kindern ausgesprochen unsympathisch.«

Wilson schnitt eine Grimasse.

»Nein, wir müssen jemand anders einsetzen. Jemanden, dem Ben und Maria vertrauen und der bereit ist, sich an unsere Order zu halten.«

Die Miene des Wissenschaftlers erhellte sich plötzlich. »Ich glaube, ich kenne eine solche Person.«

Gashville stand auf. »Gut. Dann leiten Sie alles in die Wege.« Er ging zur Tür, öffnete sie, wandte sich noch einmal um.

»Wilson?«

»Ja?« Der kleine Mann hielt bereits den Telefonhörer in der Hand, und der Zeigefinger verharrte über den Tasten.

»Seien Sie nicht so verbohrt«, riet ihm Gashville und verließ das Büro.

8

Ben fuhr auf seinem Heimweg von der Schule die Straße entlang, die durch den Pinienwald führte. Er genoß die Kühle der Schatten. Die Sonne stand hoch am Himmel, und keine Wolken filterten ihre heißen Strahlen. Der Junge sehnte sich nach einem Bad im Meer, dachte an die Hausaufgaben und verzog das Gesicht. »Schularbeiten dürfte es nur im Winter geben«, murmelte er leise vor sich hin, während er in die Pedale trat. »Wenn die Temperatur bis zum Gefrierpunkt absinkt und es schneit. Meine Güte, das wär' toll. In der Karibik ist es immer warm. Hier gibt's überhaupt keinen Winter.«

Er lachte leise und vergnügt, stellte sich vor, mit Maria und Flipper zu schwimmen – und wurde wieder ernst. Die leidenden Delphine in der großen Forschungsstation, von der ihnen Flipper erzählt hatte. Ben glaubte, noch immer ihr peinerfülltes Zirpen zu hören, ihre Sehnsucht nach Freiheit zu spüren.

Als er sich dem »Alten Mann« näherte, von dem aus man

einen weiten Blick über die Sunrise-Bucht, den Hotelkomplex und das Meer hatte, bemerkte Ben eine Bewegung. Jemand trat hinter dem Aussichtsfelsen hervor, eilte auf die Straße und versperrte ihm den Weg.

Manuel!

Ben bremste und sah sich um. Sie waren allein. Niemand befand sich in der Nähe.

Der Junge spürte, wie er innerlich zu zittern begann: nicht etwa vor Furcht, sondern aus Zorn. Er hatte den Zwischenfall auf dem Regenbogensee am Mount Peak nicht vergessen. Manuel ging in die achte Klasse, war vier Jahre älter als er, größer und stärker. Aber Ben war dennoch entschlossen, es ihm heimzuzahlen. Er schob sein Rad an den Straßenrand, lehnte es dort an einen Baum und trat mit finsterer Miene auf Manuel zu.

»Warum hast du deine Freunde nicht mitgebracht?« fragte er spöttisch und ballte die Fäuste.

»He, he, immer mit der Ruhe!« rief der andere Junge, hob die Arme und wich einige Schritte zurück.

»Das mit dem Floß war eine echt miese Nummer«, stieß Ben hervor und ging weiter auf Manuel zu. »Wir hätten ertrinken können.«

»Ich dachte, ihr könnt schwimmen. Nein, nein, ich hab's ja nicht so gemeint. Kapierst du nicht, ich bin gekommen, um mich bei dir zu entschuldigen!«

Ben blieb verblüfft stehen. »Was?«

Manuel ließ den Kopf hängen. »Früher waren wir Freunde, erinnerst du dich? Wir sind gemeinsam geschwommen. Bevor du Maria kennengelernt hast. Was findest du bloß an ihr?«

Ben grinste. »Bist du etwa eifersüchtig?«

»So ein Quatsch!« entfuhr es Manuel, und er machte eine wegwerfende Handbewegung. An seinem linken Handgelenk glänzte eine funkelnagelneue Armbanduhr. »Ich meine nur... Es tut mir leid. Im Ernst.«

Ben kniff die Augen zusammen und musterte den anderen Jungen mißtrauisch.

»Maria brauchte meine Hilfe«, sagte er und stellte überrascht fest, daß er zu hoffen begann. Die Feindschaft mit Manuel hatte ihn sehr belastet. »Nach dem Schiffsunglück, bei dem ihre Eltern ums Leben gekommen sind, hat sie einen schweren Schock gehabt. Und inzwischen sind wir gute Freunde geworden.«

»Weil sie mit den Delphinen sprechen kann?« Für einen Sekundenbruchteil blitzte es in den dunklen Augen Manuels, dann blickten sie wieder traurig.

»Nicht nur deswegen. Ich mag sie. Maria ist wie eine jüngere Schwester für mich.«

Manuel trat langsam auf ihn zu. »Ich weiß, daß ich Mist gebaut hab'. Ich war so wütend, und deshalb...« Wieder eine ausladende Geste. »Ich schlage vor, wir vergessen das alles, okay? Schwamm drüber, in Ordnung?«

Er streckte die Hand aus.

Ben zögerte. »Ist das eine neue Falle?« fragte er argwöhnisch. »Willst du mich einwickeln, damit du mich später reinlegen kannst?«

»Nein, nein, bestimmt nicht. Es ist mein voller Ernst, das kannst du mir glauben. Laß uns den Streit endlich begraben, Ben. Ich möchte, daß es wieder so wird wie früher.«

Die Hand blieb ausgestreckt.

Der kleinere Junge nickte langsam und schlug ein. »Na gut«, sagte er. »Aber wenn du wieder ein krummes Ding drehst, ist es endgültig aus, klar?«

»Um dir meine guten Absichten zu beweisen«, sagte Manuel hastig, »ihr spielt doch oft mit Flipper, oder? Er ist euer bester Freund, stimmt's? Nun, zufällig weiß ich von einigen gefangenen Delphinen...«

Ben schnappte unwillkürlich nach Luft.

»Es sind Versuchstiere, die in einer neuen Forschungsstation nördlich der Klippen gehalten werden. Wilson arbeitet dort.«

»Wilson!« platzte es aus Ben heraus.

»Er gefällt dir nicht besonders, oder? Nun, mir auch nicht. Was hältst du davon, wenn wir ihm einen Besuch abstatten? Inoffiziell, versteht sich. Wir nehmen ein Boot, lassen uns von Flipper begleiten und beobachten die Station vom Meer aus. Vielleicht können wir feststellen, was dort los ist. Abgemacht?«

Ben nickte hastig. »Einverstanden. Heute nachmittag? Um drei?«

»Ich bin pünktlich da.«

Ben zog an der Leine, und der Außenbordmotor sprang sofort an. Der Junge setzte sich auf die hintere Sitzbank und drehte den Gasgriff. Das Schlauchboot entfernte sich von der Anlegestelle vor dem Hotel, und der Bootsverleiher Pedro winkte ihnen nach.

Maria saß im Bug und ließ die Arme ins Wasser baumeln, berührte ab und zu den Rücken Flippers. Der Delphin schwamm neben dem Boot, sprang ab und zu, zirpte aufgeregt. »Er möchte, daß wir seine Freunde befreien«, sagte das Mädchen. »Er wünscht es sich so sehr.«

Erneut empfing Ben Bilder: graue Schatten im dunklen Wasser, auf den Stegen am Rande der Becken Gestalten in weißen Kitteln, die kleine Instrumente in den Händen hielten, auf Tasten drückten, bestraften und belohnten.

»Ihr könnte tatsächlich mit ihm reden«, sagte Manuel beeindruckt.

»Na klar«, bestätigte Maria.

»Wenn du uns etwas vorgemacht hast…«, sagte Ben laut, um das Brummen des Motors zu übertönen. Noch immer war sein Mißtrauen nicht ganz beseitigt. Trotzdem war er bereit, Manuel eine Chance zu geben, seinen guten Willen unter Beweis zu stellen.

Flipper sauste mit eleganter Mühelosigkeit durchs Wasser, ein lebender Torpedo, angetrieben von einer kräftigen Schwanzflosse.

»Glaubt ihr, ich könnte es ebenfalls lernen?« fragte Manuel. »Mit ihm zu sprechen, meine ich.«

Maria musterte ihn und schüttelte den Kopf. »Nein.«

»Und warum nicht?«

»Du bist zu dumm«, sagte Maria ehrlich.

Manuel runzelte die Stirn, setzte zu einer scharfen Erwiderung an, überlegte es sich dann aber anders. Und das erstaunte Ben. Er kannte den größeren Jungen gut genug, um zu wissen, daß er keine Demütigungen hinnahm, schon gar nicht von einem Mädchen. Vielleicht hat er sich wirklich gebessert, dachte er hoffnungsvoll.

Einmal mehr bemerkte er Manuels neue Armbanduhr.

»Tolles Ding«, sagte er und zeigte darauf.

Manuel rückte mit sichtlichem Stolz zu ihm heran und hob die linke Hand. Bens Blick fiel auf eine große Flüssigkristallanzeige.

»Mit allem Drum und Dran. Sekunden, Minuten, Stunden, das ist klar. Außerdem Jahresanzeige, Tag und Mondphase, ein Speicher für Adressen und Telefonnummern, Stoppuhr, elektronisches Thermometer, Pulszähler und Tiefenmesser. Von drei kleinen Videospielen ganz zu schweigen.«

»War sicher ziemlich teuer«, sagte Ben.

»Fast tausend Dollar.«

»Und woher hast du soviel Geld?« fragte Maria.

»Ich...« Manuel räusperte sich und beobachtete den Delphin. »Ich hab' sie geschenkt bekommen.«

»Aber bestimmt nicht von deinem Vater. Der gibt sein ganzes Geld für Bier und solche Sachen aus.«

»Was soll das heißen?«

»He, regt euch ab«, mischte sich Ben ein. »Wir wollen uns doch nicht wieder streiten, oder?«

Manuel warf dem Mädchen einen finsteren Blick zu und starrte dann wieder übers Meer.

Rechts von ihnen, im Westen, fielen die Klippen steil ins Meer, hohe, dunkle Felswände, die Ben an sein erstes Abenteuer mit Maria erinnerten, an den nächtlichen Ausflug ins Grottenlabyrinth. Als sie damals von der Versammlung der Delphine zurückkehrten, mußte Ben die bittere Feststellung machen, daß jemand den Vorderreifen seines Fahrrads zerstochen hatte, und dafür kam nur Manuel in Frage. Auf diese Weise begann ihre lange Feindschaft.

Aber all das spielte nun keine Rolle mehr.

Die Brandung gischtete über das Korallenriff vor den Klippen, toste donnernd und zischend gegen zerklüfteten Stein. Die Wellen hoben und senkten sich, und das Schlauchboot tanzte auf ihnen, angetrieben vom Außenbordmotor. Ben drehte den Griff ein wenig. Er war bemüht, eine sichere Entfernung zum Riff einzuhalten. Flipper sprang und schnatterte. Es klang drängend, besorgt.

Zehn Minuten später ließen sie den Bereich der Klippen hinter sich zurück und passierten eine Landzunge. Dahinter, im Norden der Insel, erstreckte sich eine weitere Bucht mit grauen Felsen und perlweißem Sand. Und einem großen Gebäudekomplex.

»Du hast recht gehabt«, sagte Ben zu Manuel. »Eine neue Forschungsstation.«

»Sie ist erst vor einigen Wochen fertiggeworden«, erklärte der größere Junge. Er wirkte ein wenig nervös. Flipper streckte den Kopf aus dem Wasser und quiekte.

Ben nahm Gas weg, und das laute Brummen des Motors wurde zu einem leisen Tuckern. Er griff nach dem Feldstecher, den er sich von seiner Mutter ausgeliehen hatte, blickte durch und beobachtete das Gebäude.

Ein Vorbau ragte weit über den Strand, und darunter verlief ein breiter Betonkanal, der das Innere der Station mit dem Meer verband. Eine hohe Stahlbarriere riegelte ihn ab. Das Sonnenlicht spiegelte sich auf einer langen, getönten Fensterfront wider.

»Wir müssen noch etwas näher heran«, sagte Manuel. »Von hier aus ist überhaupt nichts zu erkennen.«

Flipper wurde immer aufgeregter, und Maria sprach leise und beruhigend auf ihn ein, klopfte ihm auf den Rücken.

Max Baxter näherte sich der geheimen Basis Mr. Qs, saß gelassen an den Kontrollen des Raketenboots, dessen Jet-Antrieb leise summte. Er wußte natürlich, daß vor der Bucht einige Sensoren installiert waren, die sofort Alarm gaben, wenn sich ein Unbefugter näherte, aber er hatte die notwendigen Vorbereitungen getroffen, um sich unbemerkt Zugang zu verschaffen. Ein Tastendruck – und die dünnen, durchsichtigen Wände einer kleinen Kuppel schlossen sich um ihn. Die pfeilförmige Kapsel, in der er saß, sank, verwandelte sich in ein Unterseeboot...

»Worauf wartest du noch?« fragte Manuel.

»Ich dachte gerade...« Ben winkte ab, öffnete den Gasgriff wieder. Das Brummen des Motors erschien ihm viel zu laut, als sie in die Bucht fuhren, vorbei an hohen Felsen und dunklen, halb überfluteten Höhlenzugängen. Das Gebäude ragte vor ihnen auf. Nichts regte sich. Alles blieb stumm.

Plötzlich donnerte etwas hinter ihnen, und Ben erschrak, zuckte so heftig zusammen, daß er fast von der Sitzbank gerutscht wäre. Ein Motorboot raste zwischen einigen hohen Gesteinsformationen hervor, ritt auf einer langen Kielwelle und erreichte innerhalb weniger Sekunden den gegenüberliegenden Rand der kleinen Bucht. Bunte Plastikschwimmer formten einen weiten Halbkreis.

Weitere Boote folgten.

Auf kleinen Heckplattformen standen Männer mit Netzen.

»Eine Falle!« schrie Maria. »Er hat uns in eine Falle gelockt!«

»Du verdammter...« begann Ben und starrte Manuel an. Der größere Junge grinste von einem Ohr zum anderen, ließ sich über Bord fallen und glitt ins Wasser. Als er wieder auftauchte, rief er höhnisch: »Und ihr wart so blöd, darauf reinzufallen! Verabschiedet euch von Flipper, solange ihr noch Gelegenheit dazu habt.« Manuel schwamm fort.

»Flipper!« stieß Ben hervor. »Die Männer haben es auf Flipper abgesehen!«

»Flieh!« schrie Maria. »Bevor sie dich erwischen!«

Der Delphin tauchte, sauste fort, aber vor dem Netz, das die Bucht absperrte, drehte er ab und kehrte in Richtung des weißen Gebäudes zurück. »Hab keine Angst.« Maria ballte die Fäuste. »Du kannst darüber hinwegspringen. Versuch es!«

Die anderen Boote näherten sich, und die Männer auf den Heckplattformen warfen kleinere Netze aus. Flipper wich den ersten beiden aus, verfing sich jedoch im dritten.

Das Wasser schien plötzlich zu kochen, als der Tümmler heftig mit der Schwanzflosse schlug und sich zu befreien versuchte.

Eins der Boote hielt auf Ben und Maria zu, nahm Manuel auf. Der Junge kletterte an Bord und redete mit einem auffallend kleinen Mann.

Dr. Wilson winkte und drehte sich zu den beiden Kindern um, rief ihnen zu: »Verschwindet von hier! Dieser Bereich gehört zu meiner Forschungsstation. Ihr habt hier nichts zu suchen!«

»Gebt unseren Delphin frei!« Tränen des Zorns rannen über Marias Wangen.

»*Euren* Delphin?« Wilson lachte hämisch. »Wir haben ihn gefangen. Jetzt gehört er uns.«

»Flipper! Flipper!«

Der Tümmler im Netz schnatterte, zuckte wie in einem Krampf, wand sich hin und her. Das Motorboot zog ihn zum Kanal, und Ben beobachtete, wie sich das breite Schott öffnete.

Wilson gab einem seiner Begleiter einen Wink. Der Mann sprang, tauchte vor dem Schlauchboot auf und griff nach der Bugleine. Er warf sie einem anderen Mann zu. Der befestigte sie an der Reling von Wilsons Boot, griff nach dem Steuer und gab Gas. Ben hielt sich fest, um von dem plötzlichen Ruck nicht zur Seite geschleudert zu werden, war geistesgegenwärtig genug, den Außenbordmotor anzukippen, damit sich die Schraube nicht in einem der Netze verfing.

Wenige Sekunden später befanden sie sich vor der Bucht, wo die Bugleine wieder gelöst wurde.

»Damit kommen Sie nicht durch!« rief Ben.

Wilson lachte erneut. »Delphine gehören demjenigen, der sie fängt«, antwortete er arrogant. Er winkte zum Abschied – es war ein spöttischer Gruß –, und Ben starrte entsetzt den Booten nach.

Kurz darauf hörten sie nur noch das Rauschen des Meeres.

Ben griff nach der Zugleine und warf den Außenbordmotor an.

»Willst du Flipper einfach so im Stich lassen?« fragte Maria erschüttert. Sie schluchzte. »Es ist deine Schuld! Du hast Manuel sofort geglaubt, du bist ihm auf den Leim gekrochen! Sonst hätte der uns nie reinlegen können! Die teure Uhr – bestimmt hat er sie von Wilson bekommen. Für seine Hilfe, Flipper einzufangen.«

»Und das wird er noch bitter bereuen.« Ben gab Gas. »Wir fahren zu Bud und erzählen ihm alles. Jetzt muß er was unternehmen.«

9

»Er hat *was*?« fragte Bud Porter bestürzt.

»Flipper entführt.« Maria bebte vor Zorn.

Die beiden Kinder standen in Buds Büro. Der Biologe kam hinter seinem Schreibtisch hervor, ging auf und ab.

»Wir verlieren wertvolle Zeit«, drängte Ben. »Wer weiß, was Wilson in der Zwischenzeit mit Flipper anstellt. Wir müssen den Delphin retten. Und auch die anderen, die er gefangenhält.«

»Leider ist es nicht so einfach, wie ihr euch das vorstellt«, sagte Bud Porter mit erzwungener Ruhe. »In rechtlicher Hinsicht...«

»Was hat das damit zu tun?«

»Nun, eine ganze Menge.« Porter blieb stehen und sah die beiden Kinder an. »Wir können nicht einfach in Wilsons Forschungsstation stürmen und alle Tümmler freilassen. Er würde vor Gericht gehen und den Prozeß gewinnen. Und dann sähe es für uns alle übel aus.«

»Gibst du ihm etwa recht?«

»In moralischer Hinsicht natürlich nicht. Aber das Gesetz... In gewisser Weise ist es auf seiner Seite, so absurd das auch klingen mag. Jeder kann einen Delphin fangen und ihn behalten. Die Großen Tümmler stehen nicht unter Naturschutz.«

»Das hört sich so an, als wären es nur Tiere, weiter nichts.« Ben konnte seinen Zorn kaum mehr unter Kontrolle halten. »Gerade du solltest es besser wissen, Bud. Wir haben dir bewiesen, daß wir mit Flipper sprechen können, daß er intelligent ist, ebenso wie die übrigen Delphine. Das Volk der Meere, Bud. Es sind nicht bloß Tiere!«

»Ja«, murmelte der Biologe und setzte seine Wanderung durchs Zimmer fort. »Ja...« Bevor er etwas hinzufügen konnte, öffnete sich die Tür, und ein Mann in der Uniform der Küstenwache trat ein. Er hielt eine kleine Aktentasche in der Hand.

»Oh«, sagte er, als er Ben und Maria sah. »Störe ich?«

»Hallo, Peter«, sagte Bud. »Neuigkeiten?«

»Ich glaube schon.« Peter Kenwood musterte die beiden Kinder. »Was ist euch denn über die Leber gelaufen?«

»Dr. Wilson hat unseren Flipper entführt«, zischte Maria.

»Flipper?« Er hob die Brauen.

»Ein Delphin, mit dem sie spielen.« Bud kam Ben zuvor, hob die Hand. »Es dauert nicht lange. Peter?«

Der Uniformierte nahm Platz, öffnete die Aktentasche und entnahm ihr einige Unterlagen. »Es ist uns inzwischen gelungen, Aufschluß über Gashvilles wahre Identität zu gewinnen. Hier.« Porter nahm die Blätter entgegen und überflog den Text, während Kenwood fortfuhr: »In Wirklichkeit heißt er Henry Emanuel Georgetown und stammt aus Houston, Louisiana.«

Ben spitzte die Ohren, und seine Sorge um Flipper geriet vorübergehend in den Hintergrund. In ihm erwachte wieder der angehende Meisterdetektiv Max Baxter Jr.

»Wir haben weitere Nachforschungen angestellt«, sagte

84

Peter Kenwood, »stießen dabei jedoch auf unerwartete Schwierigkeiten. Es gibt nur wenige Informationen über diesen Mann, und als wir tiefer bohrten, teilte uns die Bundespolizei der Vereinigten Staaten durch die sprichwörtliche Blume mit: He, Jungs, laßt die Finger von dieser Sache. Sie geht euch nichts an.«

»Das FBI?« fragte Bud Porter entgeistert.

»Genau. Und ich frage dich: Was hat das Federal Bureau of Investigation mit einem angeblichen Urlauber namens Gashville alias Georgetown zu tun?«

»Ich hab' keine Ahnung.«

»Ich leider auch nicht«, sagte Kenwood. »Wie dem auch sei: Wir fanden heraus, daß Henry Emanuel Georgetown mit der Concordia Industries in Verbindung steht, einem großen Industriekomplex im amerikanischen Süden.«

»Ach?«

Kenwood zuckte mit den Achseln. »Das wär's dann.«

Bud Porter stand auf. »Es ist bereits eine ganze Menge, mehr als du ahnst.«

Der Uniformierte erhob sich ebenfalls. »Was meinst du damit? Ein Fall für die hiesige Polizei?«

»Nein, das glaube ich nicht.« Der Biologe räusperte sich und streckte die Hand aus. »Besten Dank für deine Hilfe, Peter. Wenn ich mich irgendwie revanchieren kann...«

»Schon gut. Ein Freundschaftsdienst.« Einige Sekunden lang blieb Kenwoods nachdenklicher Blick auf Porter gerichtet. Dann ergriff er die Hand des Biologen, schüttelte sie und verabschiedete sich.

»Ich verstehe nicht...«, begann Maria, als sich die Tür hinter dem Mann vor der Küstenwache schloß.

»*Ich* schon«, verkündete Ben stolz. »Gashville – George-town – und Wilson arbeiten zusammen. Das ist doch ganz klar. Es geht dabei um irgendein geheimes Projekt. Deshalb hat Gashville einen falschen Namen angenommen. Ich hab' eins seiner Telefongespräche belauscht, und dabei war von Delphinen und einer Menge Geld die Rede. Später hat er sich auffällig für Flipper interessiert. Manuel, der Flipper in die Falle gelockt hat, hat 'ne neue und sündteure Armband-uhr. Es paßt alles zusammen. Eine Verschwörung.« Max Baxter Jr. war ganz in seinem Element.

»Gut gefolgt, Sherlock Holmes«, sagte Bud Porter. »Obgleich ich nicht unbedingt von einer Verschwörung sprechen würde. Vielleicht haben wir gerade eine Möglich-keit gefunden, Flipper und die anderen Delphine zu be-freien.«

»Wie?« fragte Maria sofort.

»Ihr wißt sicher, daß Wilsons Forschungen vom Auf-sichtskomitee finanziert werden, für das auch ich arbeite. Eine unserer Auflagen besteht darin, nicht für Privatperso-nen tätig zu werden. Alle Aufträge werden vom Komitee vermittelt, und gemeinnützige Zwecke stehen dabei im Vordergrund. Wenn wir nachweisen können, daß Wilson Geld von Gashville bekommen hat – von der Concordia In-dustries –, dann ist er so gut wie erledigt und muß die For-schungsstation räumen, die vom Komitee bezahlt und un-terhalten wird. Und das bedeutet auch die Freilassung der Delphine. Besser gesagt: Wahrscheinlich wird man sie mir überantworten, und euch dürfte klar sein, wie ich zu dieser Sache stehe.«

»Hurra!« jubelte Maria.

Bud Porter holte tief Luft. »Ich schlage vor, wir machen uns sofort auf den Weg und sprechen mit Gashville.«

Ben nickte. »Wir nehmen unser Schlauchboot. Damit sparen wir Zeit. Außerdem müssen wir es sowieso zurückbringen. Sonst kriegt Pedro einen Schlaganfall.«

Bud Porter ging mit langen, energischen Schritten durch den Flur, gefolgt von den beiden Kindern und Tracy.

»Nummer dreihundertneun«, sagte Bens Mutter und hob die Hand. »Dort drüben, auf der anderen Seite.« Sie seufzte. »Wenn ich von Anfang an Bescheid gewußt hätte...«

»Hinterher ist man immer klüger«, brummte Bud. Der dicke Teppich im Flur schien alle Geräusche zu schlucken, selbst ihre Stimmen.

Porter blieb vor der Tür 309 stehen, sah auf Ben und Maria und warf auch Tracy einen kurzen Blick zu. »Seid ihr bereit?«

Alle drei nickten. »In Ordnung. Also auf ins Gefecht.« Er klopfte an.

»Kommen Sie herein«, erklang die Stimme eines Mannes. »Die Tür ist offen.«

Der Biologe und seine Begleiter betraten ein kleines Vorzimmer, an das sich ein aus drei Räumen bestehendes Apartement anschloß. Helles Licht fiel durch die breiten Fenster des Salons.

Duncan Dwight Gashville saß in einem bequemen Ledersessel und ließ die Zeitung sinken, in der er gelesen hatte. »Bitte nehmen Sie Platz. Ich habe Sie bereits erwartet.«

Bud und Tracy setzten sich auf die Couch. Ben und Maria

blieben stehen. Sie musterten den hochgewachsenen Mann im schneeweißen Anzug mit kaum verhohlenem Haß.

»Es geht um Flipper, nicht wahr?«

Gashville war die Ruhe selbst, gab sich gelassen und unerschütterlich.

»Nicht nur, Mr. Gashville«, sagte Bud Porter. »Oder sollte ich besser sagen: Mister Henry Emanuel Georgetown?«

Dünne Furchen bildeten sich auf der Stirn des Mannes, und Ben glaubte, ein kurzes Aufblitzen in den grauen Augen hinter der Brille zu erkennen.

»Sie wissen also Bescheid.«

»Wir wollen unseren Delphin zurück«, verlangte Maria.

»Es ist nicht *euer* Delphin«, sagte Gashville kühl.

»Nicht in dem Sinne von Eigentum und Besitz«, bestätigte Bud Porter. »Aber Ben und Maria haben zumindest ein moralisches Recht auf ihn. Er ist ihr Freund. Sie hängen sehr an ihm.«

»Oh, ich weiß. Ich war mit den Kindern draußen auf dem Meer. Sie haben mir Flipper vorgestellt.« Es klang so beiläufig, als spreche er übers Wetter. »Aber leider sind mir die Hände gebunden. Dr. Wilson hat Flipper eingefangen, und nichts in der Welt kann ihn dazu bewegen, ihn wieder freizulassen. Er meint, es sei ein einzigartiger Tümmler, und damit hat er sicher recht. Er wird einige Versuche mit ihm vornehmen, ihn testen, und ich bin schon jetzt auf seine Forschungsergebnisse gespannt.« Er hob die Schultern, ließ sie wieder sinken. »Wenn Ben und Maria größer sind, werden sie das sicher verstehen. Manchmal muß man Kompromisse schließen, sich mit einem Verlust abfinden, so schmerzlich er auch sein mag. Flipper dient jetzt der Wissenschaft.«

»Haben Sie Ihre Kindheit vergessen?« fragte Tracy betont sanft. »Hatten Sie nie einen – einen Hund?«

»Flipper ist kein *Hund*«, erklärte Maria aufgebracht.

»Eben.« Gashville nickte. »Hunde sind das, was Dr. Porter eben als Eigentum und Besitz bezeichnete. Man bezahlt Steuern für sie. Sie können ge- und verkauft werden. Aber Delphine schwimmen frei im Meer, gehören niemandem – bis sie jemand fängt.

»Mister Georgetown«, sagte Bud Porter langsam (Ben blieb in Gedanken bei »Gashville«) und suchte nach den richtigen Worten. »Dr. Wilson arbeitet mit Ihrem Geld, nicht wahr?«

»Das ist im großen und ganzen richtig.«

»Er hat einen Auftrag der Concordia Industries angenommen.«

»Sie sind erstaunlich gut informiert.«

»Und Sie sind als Gesandter der Concordia hier, um...«

Gashville lächelte dünn. *»Oh, nein, Mister Baxter, da irren Sie sich.«* »Oh, nein, Dr. Porter, da irren Sie sich. Vermutlich glauben Sie, ich stünde auf der Lohnliste jener Firma. Das Gegenteil ist der Fall. Die Concordia wird von mir finanziert. Von *uns*, um ganz genau zu sein.«

»Was bedeutet das?« fragte Bud Porter scharf.

Gashville gab keine Antwort, griff in die Innentasche seiner Jacke, holte ein Kunststoffetui hervor und reichte es dem Biologen.

Porter öffnete es und starrte auf den Ausweis.

»Sie arbeiten für die Regierung der Vereinigten Staaten?«

»In der Tat. Für ein ozeanographisches Institut der amerikanischen Marine.«

Ben beobachtete Bud Porter aufmerksam und sah Resignation in seinen Zügen. Seine Hoffnung verflog, wich tiefer Enttäuschung und Niedergeschlagenheit. Er faßte nach Marias Hand, drückte einmal kurz zu. Das Mädchen zitterte.

»Worin besteht das Projekt?«

»Nun, darüber darf ich eigentlich keine Auskunft geben, aber in diesem besonderen Fall...« Gashville gab sich entgegenkommend und gönnerhaft. »Dr. Wilson ist beauftragt, einige Delphine auszubilden und zu trainieren, die später als Rettungsschwimmer eingesetzt werden sollen. Darüber hinaus testet er neue Medikamente an ihnen.«

»Versuchskaninchen«, murmelte Tracy betroffen.

»Oh, viel mehr als das, Miß Webb. Flipper und die anderen Tümmler sollen menschliches Leben retten. Halten Sie das nicht für eine sehr ehrenhafte Aufgabe?«

»Er quält die Delphine!« behauptete Maria und stampfte wütend mit dem Fuß auf.

»Dafür gibt es keine Beweise.«

»Doch, zumindest einen«, widersprach Porter. »Der tote Delphin, der zwei Fischern aus San Miguel ins Netz ging. Drähte ragten aus seinem Kopf, Elektroden, und der Körper war von Geschwüren entstellt.«

»Ausfälle lassen sich nicht ganz vermeiden«, erwiderte Gashville zurückhaltend.

»Ausfälle?« wiederholte Tracy gedehnt. »Sie sprechen von leidenden, sterbenden Delphinen!«

»Die Wissenschaft erfordert Opfer, Miß Webb«, sagte Gashville. »Das kann Ihnen Bud Porter sicher bestätigen.«

»Ich kenne keinen Mister Q«, versicherte der Mann, sah noch einmal auf das Foto und schüttelte den Kopf. Max Baxter preßte die Lippen zu einem dünnen Strich zusammen und musterte den Inhaber der Bar. Die Intuition des Geheimagenten und Meisterdetektivs witterte eine Lüge: Er war davon überzeugt, daß sich irgendwo in der Bar ein Zugang verbarg, der zur geheimen Basis des Verschwörers führte . . .

»Er lügt«, brach es aus Ben heraus. »Gashville lügt. Wilsons Auftrag besteht gar nicht darin, die Delphine zu Rettungsschwimmern auszubilden. Er . . .«

»Ich glaube, das reicht jetzt«, sagte der Mann eisig, rückte sich die Sonnenbrille zurecht und stand auf. »Leider kann ich nicht noch mehr Zeit für Sie erübrigen. Ich muß mit meinen Vorgesetzten in den Staaten telefonieren.«

Bud Porter sah zu ihm auf. »Ich bitte Sie noch einmal: Sorgen Sie dafür, daß Wilson wenigstens Flipper freiläßt.«

Gashville schüttelte den Kopf. »Tut mir leid. Auf Wiedersehen, Dr. Porter. Miß Webb . . .«

Die beiden Erwachsenen erhoben sich.

»Nun, wenn das so ist«, begann Tracy. Rote Flecken hatten sich auf ihren Wangen gebildet, und erregt strich sie ihr langes Haar zurück. »Ich fürchte, Sie müssen sich nach einer anderen Unterkunft umsehen. Für Leute wie Sie ist in diesem Hotel kein Platz.«

»Sie werfen mich raus?«

»Und zwar auf der Stelle«, sagte Bens Mutter fest.

»Nun, damit habe ich gerechnet. Gashville ging ins Schlafzimmer und kehrte wenige Sekunden später mit zwei Koffern zurück. »Vermutlich sehen wir uns nicht wieder.«

»Darauf legen wir auch keinen gesteigerten Wert«, brummte Bud Porter.

Gashville nickte knapp und verließ das Apartement.

10

Bud Porter, Tracy und die beiden Kinder blieben im Salon und wechselten betretene Blicke. Der Biologe trat ans Fenster, sah nach draußen aufs Meer und murmelte leise vor sich hin.

Ben und Maria warteten gespannt.

Schließlich drehte sich Bud wieder um. »Wir können nichts tun«, sagte er leise. »Wenn die Regierung dahintersteckt...«

Ben schob trotzig das Kinn vor. »In der Marinestation hast du uns erklärt, die Aufträge müßten vom Komitee stammen und gemeinnützigen Zwecken dienen. Gashville hat offen zugegeben, daß Wilson für ihn und die Concordia Industries arbeitet.«

»Leider bringt uns das nicht weiter«, erwiderte der Biologe. »Du hast ihn ja gehört, Ben. Er arbeitet für die amerikanische Regierung.« Bud wechselte einen kurzen Blick mit Tracy. »Jetzt verstehe ich auch, wieso das Komitee Wilson autorisierte, Kopien meiner Forschungsunterlagen zu benutzen. Vermutlich hat Georgetown seine Beziehungen spielen lassen und Druck ausgeübt.«

»Das alles interessiert mich nicht«, sagte Maria spitz. »Ich will nur wissen, wie wir Flipper befreien können!«

»Es gibt keine Möglichkeit dazu«, sagte Bud Porter leise

und zerknirscht. »Maria, versuch bitte, das zu verstehen: Wenn wir jetzt eingreifen, übertreten wir das Gesetz. Begreifst du das nicht? Das Recht ist auf Wilsons Seite.«

»Das Recht!« entfuhr es Ben. Er spürte, wie es erneut in ihm zu brodeln begann. »Flipper ist unser *Freund*, und Freunden muß man helfen, wenn sie in Not geraten.«

»Angenommen, Wilson hätte ein Kind entführt«, warf Maria zornig ein. »Angenommen, er führte Experimente an Jungen und Mädchen durch. Würdest du dann etwas unternehmen?«

»Natürlich!«

»Das ist doch ganz etwas anderes!« behauptete Tracy.

»Eben nicht«, widersprach Maria. »Flipper denkt und empfindet wie wir Menschen. Er leidet, wenn man ihm Schmerzen zufügt. Er kann hoffen, trauern und glücklich sein. Er *weiß*, was ihn nun erwartet. Er ist in... in...«

»Intelligent«, sagte Ben.

Seine Mutter starrte betreten zu Boden. »Wißt ihr«, begann sie zögernd, »erwachsen zu werden – das bedeutet, daß man nicht immer nach seinen eigenen moralischen Maßstäben handeln kann...«

»Daß man Kompromisse schließen muß?« entfuhr es Ben. »Den Spruch kenne ich bereits. Er interessiert mich nicht. Ich weiß genau, was richtig und was falsch ist, und nur darauf kommt es an. Wenn mir irgendein Gesetz verbietet, Flipper zu helfen, dann ist es ein *falsches* Gesetz.« Er fühlte sich plötzlich allein, im Stich gelassen. Ganz offensichtlich waren weder Bud noch Tracy bereit, ihnen zu helfen. Gashville – der aalglatte und durchtriebene Georgetown – hatte sie um den Finger gewickelt, mühelos seinen

Willen durchgesetzt. Ben dachte an Flipper, überlegte fieberhaft und versuchte, sich in die Vorstellungswelt der beiden Erwachsenen zu versetzen: Irgendwie mußte es ihm gelingen, sie umzustimmen.

»Er hat gelogen«, fügte er hinzu und beobachtete aus den Augenwinkeln, wie Maria die Fäuste ballte. »Gashville hat gelogen. Ich bin sicher, daß die Delphine nicht zu Rettungsschwimmern ausgebildet werden sollen.«

Bud Porter nickte langsam. »Ich fürchte, da hast du recht«, gestand er zur großen Überraschung des Jungen ein. »Er sagte, er sei im Auftrag eines ›ozeanographischen Instituts‹ der Marine gekommen, und das scheint mir eine wohlklingende Umschreibung für die ›amerikanischen Streitkräfte‹ zu sein.«

»Bud...«

»Es hat keinen Sinn, den Kindern etwas vorzumachen, Tracy.« Porter richtete seinen Blick wieder auf Ben und Maria. »Ich glaube, die Delphine dienen irgendwelchen militärischen Zwecken.«

Der Schrecken verdrängte Wut und Besorgnis aus Ben. »Soll das heißen...«

»Erinnerst du dich an den Krieg im Persischen Golf, an die Auseinandersetzung zwischen Irak und Iran?«

Der Junge nickte. Er hatte ab und zu die Nachrichten im Fernsehen gesehen.

»Nun, iranische Boote brachten mehrmals Minen aus, um die zivile Schiffahrt im Golf zu blockieren. Unsere Marine schickte nicht nur Kriegsschiffe, sondern auch speziell trainierte Delphine. Sie waren darauf abgerichtet, die Minen zu finden. Viele von ihnen starben.«

»Flipper«, schluchzte Maria.

»Die Ausbildung zu sogenannten Rettungsschwimmern erfordert keine Elektroden im Kopf wie bei dem toten Tümmler, der Lopez und Juan ins Netz ging.«

Er holte tief Luft.

»Ich vermute, das ist auch der Grund, warum Georgetown einen falschen Namen benutzte«, fuhr Bud Porter mit düster klingender Stimme fort. »Er wollte kein Aufsehen erregen. Es sollte alles geheim bleiben.«

»Ein Grund mehr, etwas zu unternehmen«, drängte Ben.

Der Biologe schüttelte den Kopf. »Genau das Gegenteil ist der Fall. Wenn wir uns in militärische Angelegenheiten einmischen, besteht die Gefahr, daß wir alle hinter Schloß und Riegel wandern. Möchtest du das, Ben?«

Der Junge ließ den Kopf hängen. »Natürlich nicht.« Er schauderte unwillkürlich, als er sich vorstellte, wie Polizisten das Hotel stürmten – so wie in dem Film *Blues Brothers* –, wie Panzer über den Strand rollten, die Bucht abriegelten, wie bis an die Zähne bewaffnete Fallschirmspringer aus großen Transportmaschinen fielen. Alles nur, um Bud Porter und Tracy Webb zu verhaften, um zwei Kindern, die die amerikanische Staatssicherheit bedrohten, das Handwerk zu legen. Bei Max Baxter sah die Sache völlig anders aus. Wenn er Mister Q und seine Komplizen jagte, konnte er jederzeit in militärische Stützpunkte eindringen, brauchte nur seinen Ausweis zu zeigen, um die Unterstützung der Soldaten zu bekommen.

»Ihr wollte also einfach die Hände in den Schoß legen!« rief Maria. »Obwohl ihr wißt, daß unserem Flipper ein schreckliches Schicksal droht. Ihr wollte keinen Finger für ihn rühren. Ist das der Dank dafür, daß er uns geholfen hat, die vier Astronauten der abgestürzten Hawkwind zu retten?« Etwas leiser fügte sie hinzu: »Ich verdanke ihm mein Leben, Bud. Ohne ihn wäre ich ertrunken, genauso wie meine Eltern.«

Tracy trat zu ihr, nahm sie in die Arme. »Oh, ich weiß, Maria, aber...«

Das Mädchen stieß die Hände beiseite, befreite sich aus der Umarmung.

»Ich werde ihm helfen«, verkündete Maria entschlossen. »Ich warte nicht einfach ab, bis ihn irgendwelche Fischer tot in ihrem Netz finden!«

Sie wirbelte herum und rannte auf den Korridor.

Ben zögerte einige Sekunden, folgte ihr dann. Als er die Tür erreichte, hörte er die Stimme seiner Mutter.

»Ben! Bleib hier. Bitte, stell keine Dummheiten an.«

Er drehte sich kurz um. »Sie braucht mich jetzt«, sagte er. »Ich versuche, sie zu trösten.«

Er verließ das Apartement und eilte Maria nach.

Bud Porter und Tracy blieben zurück, sahen sich niedergeschlagen an.

»Können wir wirklich nichts für Flipper tun?« fragte die Frau leise.

»Nein«, antwortete der Biologe kummervoll. »Diesmal hält Wilson alle Trümpfe in der Hand.« Er fluchte. »Zum Teufel mit ihm!«

Ben holte Maria ein, als sie den Lift erreichte. Sie drückte wütend auf die Taste und beachtete ihn zunächst überhaupt nicht.

Der Junge holte schnaufend Luft. »Maria«, begann er. »Ich...«

»Wir müssen auf eigene Faust handeln«, stieß sie hervor. »Die Erwachsenen lassen uns wieder mal im Stich.«

»Du hast doch gehört, was Bud Porter...«

»Es ist mir *egal*!« fauchte sie. »Bestimmt setzt Flipper alle Hoffnungen auf uns. Er erwartet, daß wir ihn retten, und ich werde ihn nicht enttäuschen.«

»Was hast du vor?«

Maria hörte Bens veränderten Tonfall und sah ihn fast flehentlich an. »Wir müssen einen Plan entwickeln, die Forschungsstation auskundschaften. Kommst du mit?«

Ben dachte daran, wie er mit Flipper im Meer geschwommen war. Er hielt sich an seiner Rückenflosse fest, ließ sich durchs Wasser ziehen, spürte den geschmeidigen Körper des Delphins unter sich, lauschte seiner Stimme, die von der Welt des Ozeans erzählte...

Er rang sich zu einer Entscheidung durch. »In Ordnung«, sagte er. »Ja, ich komme mit.«

11

Sie ließen das Schlauchboot südlich der Bucht zurück, versteckt zwischen einigen hohen Felsen.

»Wir sollten es tarnen«, schlug Ben vor. Er erinnerte sich einmal mehr an die Ermittlungen Max Baxters. Wenn sich der Meisterdetektiv einer feindlichen Basis näherte, achtete er sorgfältig darauf, alle seine Spuren zu verwischen.

»So ein Quatsch«, erwiderte Maria abfällig. »Man kann

das Boot weder vom Meer noch vom Land aus sehen. Glaubst du etwa, Wilson und Gashville schicken Suchflugzeuge aus, deren Piloten das Ufer absuchen?«

Ben senkte verlegen den Blick. »Wahrscheinlich nicht«, gestand er ein.

»Sicher nicht!« Das Mädchen kletterte mit katzenhafter Eleganz über den Geröllhang, duckte sich, als es weiter oben einige Büsche und Sträucher erreichte. Ben folgte ihm etwas unbeholfen.

Im Süden donnerte die Brandung an die Klippen, und das Riff bildete eine dunkle Barriere vor den hohen, steilen Felswänden. Die dunklen Zugänge der Höhlen und Grotten wirkten wie blicklose Augen, die starr und unbewegt übers karibische Meer sahen. Ein lauer Wind wehte, und die Sonne brannte heiß vom Himmel herab.

Die beiden Kinder setzten den Weg fort, schlichen am Ufer entlang und näherten sich langsam der Forschungsstation. Als sie noch etwa fünfzig Meter von ihr entfernt waren, stießen sie auf einen Zaun aus Maschendraht.

»Vielleicht steht er unter Strom«, sagte Ben warnend. »Wenn wir ihn berühren, verbrennen wir innerhalb weniger Sekunden zu Asche.«

Maria seufzte, griff nach einem Kieselstein und warf ihn. Er berührte den Zaun und fiel mit einem leisen Klacken zu Boden. Sonst geschah nichts.

»Man kann nicht vorsichtig genug sein«, entschuldigte sich Ben.

»Man kann's auch übertreiben«, hielt ihm Maria entgegen.

Sie hockten sich hinter einige große Steine und beobachteten den Gebäudekomplex. Der Vorbau bildete ein in die Länge gezogenes Dreieck, das weit über den Strand reichte und an dem Betonkanal endete, der die Becken und Bassins mit dem Meer verband. Das breite Schott war nach wie vor geschlossen, und dicht hinter der Buchtöffnung tanzten die Schwimmer des Sperrnetzes auf den Wellen. Auf der anderen Seite, hinter dem Vorbau, erhoben sich die weißen Mauern des hohen Hauptgebäudes. Getönte Fenster spiegelte den hellen Sonnenschein wider und verwehrten einen Blick in die Räume dahinter. Es gab nur drei Möglichkeiten, sich der Station zu nähern: entweder vom Meer her, oder von Norden und Süden. Der vordere Eingang an der staubigen Straße kam nicht in Frage. Schließlich konnten die beiden Kinder nicht einfach anklopfen und sagen: »Entschuldigen Sie die Störung, aber wir sind gekommen, um Flipper zu befreien.«

Der Zaun stellte kein großes Problem dar: Er ließ sich leicht überklettern. Aber an den Maschendraht schloß sich leerer Strand an, und falls jemand aus einem der Fenster sah, würde er Ben und Maria entdecken, bevor sie die Station erreichten.

»Wenn hier irgendwo Sensoren installiert sind...«, sagte Ben. Maria sah ihn fragend an.

»Kleine elektronische Instrumente, im Sand und zwischen den Felsen versteckt«, fuhr der Junge aufgeregt fort. »Sie reagieren auf Bewegung und schlagen sofort Alarm.«

»Max Baxter, nicht wahr?«

»Hast du was dagegen?« erwiderte er verärgert. »Die Romane sind lehrreich, weisen auf viele denkbare Gefahren hin. Der Meisterdetektiv ist immer bestens vorbereitet, trägt Sender bei sich, mit denen er die Signale der Sensoren stört...«

»Willst du etwa kneifen?«

»Kneifen?« wiederholte Ben empört. »Davon kann überhaupt keine Rede sein.« Zumindest jetzt noch nicht, überlegte er. Solange wir auf dieser Seite des Zauns bleiben, besteht überhaupt keine Gefahr...

Max Baxter lenkte sein U-Boot dem tief im Wasser verborgenen Zugang der Geheimbasis entgegen. Zwanzig Meter, dreißig, vierzig... Die transparente Kuppel hielt dem Druck stand, und der Meisterdetektiv lächelte grimmig, als er die Tasten auf dem Armaturenbrett betätigte und das Ruder drehte. Der Motor brummte leise, viel zu leise, als daß Mister Qs Warnsensoren darauf reagieren konnten. Weiter vorn ragte eine dunkle Felswand aus dem Meeresgrund empor: rauher Stein, an dem Algenfladen und Muschelkolonien klebten. Darunter verbargen sich Stahl und Beton. »Ha, so leicht legst du mich nicht herein...« Nach kurzer Suche entdeckte er die breite Öffnung des Zugangs, und der metallene Leib des U-Bootes glitt durch einen langen Tunnel. Als sich Max Baxter umdrehte, sah er ein dickes Gitter, das sich herabsenkte und den Ausgang versperrte. Er ließ sich nicht aus der Ruhe bringen, blieb kühl und gelassen. Mit den Laserdüsen seines Gefährts konnte er die Gitterstäbe innerhalb weniger Sekunden zerschneiden...

Nichts rührte sich im Bereich der Station. Keine Boote schwammen in der Bucht, und die terrassenartigen Erweiterungen des Vorbaus, über und zu beiden Seiten des Kanals, blieben leer.

»Vielleicht ist niemand da«, sagte Maria.

»Darauf würde ich mich nicht verlassen.« Ben kniff die

Augen zusammen – das machte Max Baxter auch immer, wenn er die Lage sondierte und konzentriert nachdachte – und ließ seinen Blick über die weißen Wände schweifen, die glitzernden Fenster, das Schott, den Kanal. »Bestimmt arbeiten Wilson und seine Assistenten gerade mit den Delphinen. Wenn man nur durch die Scheiben sehen könnte!«

»Sie sind po... pola...«

»Polarisiert«, half Ben aus. »Ein netter Trick. So'n Mist!«

Sie warteten eine Zeitlang, horchten, hörten aber nur das Rauschen des Meers, das gelegentliche Krächzen einer Möwe. Bens Beine schmerzten, und er suchte sich eine bequemere Stellung.

»Was ist mit dem Plan?«

»Was soll schon damit sein?« Der Junge zuckte mit den Schultern.

»Ohne einen Plan geht nichts«, behauptete das Mädchen.

»Du meinst es wirklich ernst, nicht wahr?« fragte Ben unsicher. Er begann zu ahnen, auf was er sich einließ, und seine Nervosität steigerte sich zu Unbehagen. Stell keine Dummheiten an, hatte ihn seine Mutter gewarnt.

Maria sah ihn an. »Du nicht?« Sie streckte die Hand aus. »Flipper ist dort drin gefangen, und wer weiß, was Wilson jetzt mit ihm anstellt. Er hat nur uns, verstehst du? Wenn wir ihm nicht helfen, ist er erledigt.«

»Ja, ich weiß.«

»Es bleibt uns also gar keine andere Wahl. Wir müssen irgendwie in die Station eindringen, Flipper finden, ihn befreien, mit ihm zusammen fliehen...«

»Das ist – Hausfriedensbruch.«

Maria verzog die Lippen. »Ich dachte, so etwas hieße Einbruch.«

»Es läuft aufs gleiche hinaus. Wenn wir geschnappt werden, geht es nicht nur uns an den Kragen sondern auch Tracy und deiner Tante Esmeralda. Sie sind unsere Erziehungsberechtigten«, fügte er altklug hinzu. »Für unser Verhalten verantwortlich.«

»Was für ein Unsinn!« sagte Maria spitz. »Ich sitze hier hinter einem Felsen, während Esmeralda im Hotel für Touristen kocht. Wie kann man sie für das zur Verantwortung ziehen, was ich mache?«

Ben wollte eine kluge Antwort geben, suchte nach den richtigen Ausdrücken, gab es schließlich auf und antwortete nur: »Es ist eben so.«

Maria musterte ihren Begleiter. »Erinnere dich an die Versammlung der Delphine, an die Stimmen der Träumer in der kristallenen Blume. An die Botschaft von einem fremden Planeten. An die abgestürzte Hawkwind und die vier Astronauten. Flipper hat uns vertraut, uns zu seinen Gesandten ernannt, zu – Missionaren auf der Welt außerhalb des Meeres.«

Ben stellte sich vor, wie er in einer schwarzen Kutte von Ort zu Ort wanderte, Predigten hielt und von der Mission der Delphine berichtete und aus einem bibelähnlichen Buch las. Er kicherte leise.

»Du findest das alles wohl sehr komisch?« sagte Maria erbost.

Hastig schüttelte er den Kopf. »Nein, keineswegs. Ich mußte nur gerade daran denken, wie…« Er winkte ab, überlegte einige Sekunden lang und spürte, wie sich neue

Entschlossenheit in ihm regte. »In Ordnung«, brummte er schließlich. »Ein Plan.« Wieder kniff er die Augen zusammen. »Hast du irgendeine Idee?« Max Baxter fiel immer etwas ein, aber Bens Phantasie versagte.

Maria runzelte die Stirn. »Ich – ich schlage vor, wir warten ab, bis es dunkel wird.«

Ein samtschwarzer Himmel wölbte sich über der Insel und dem Meer. Sterne funkelten matt, und am fernen Horizont kündigte sich der Mond mit fahlem, perlmuttenem Schimmern an. Das Gebäude der Forschungsstation war ein blasser Fleck in der Nacht, sonderbar gestaltlos, wie zwischen die Felsen geduckt. Hinter den Gebäuden, an der Straße, brannten einige Lampen, und ihr milchiger Schein lockte verschwommene Konturen aus der Finsternis. Durch die Fenster des Vorbaus sickerte fahles Licht.

»Nun?« fragte Maria. »Was meint Max Baxter?«

Der Meisterdetektiv steuerte sein U-Boot durch den langen Tunnel, griff nach seinen Waffen und steckte sie ein. Ein winziger Sender störte nach wie vor die Kontrollsignale der Warnsensoren, und Max Baxter war sicher, daß Mister Q und seine Komplizen noch immer keinen Verdacht schöpften. »Diesmal erwische ich dich«, murmelte er grimmig. »Diesmal entkommst du mir nicht.« Kurz darauf verbreiterte sich die Passage und führte in ein weites und tiefes Becken. Schatten bewegten sich, und dunkle Schleier trübten das Wasser. Schlanke Körper glitten dahin: Haie. Max Baxter lächelte nur, als spitze Zähne über die transparente Kuppel schabten. Er drückte einen anderen Knopf, und daraufhin öffnete sich eine kleine Klappe in der Flanke des Bootes, gab eine spezielle Chemikalie frei, die eine abschreckende Wirkung auf Haie hatte ...

»Max Baxter wehrt gerade einige Haie ab«, sagte Ben betrübt.

»Was?«

»Schon gut.« Er stöhnte leise. »Manchmal ist kein Verlaß auf ihn.« Warum fällt mir nichts ein? fuhr es ihm durch den Sinn. Ein mentaler Störsender, der Einbrechern die Ideen raubt? Ben war nicht ganz sicher, ob es solche Geräte überhaupt gab. Nun, im technischen Archiv der Einsatzzentrale wimmelte es von solchen Apparaten, aber hier, in der Karibik... Er wünschte sich plötzlich, mehr über den Voodoo-Zauber seiner Lehrerin Miß Allwit zu wissen.

»Ich hab's«, sagte Maria. »Unser Plan ist, daß wir keinen Plan haben. Na, was hältst du davon?«

Ben verzog das Gesicht, folgte ihr aber, als sie die Deckung verließ und an den Zaun heranschlich. Vorsichtig griff sie nach den Maschen, zog sich so leise wie möglich in die Höhe. Der Draht knisterte und knarrte, und Ben rechnete unwillkürlich mit dem Schrillen einer Alarmsirene.

Aber nichts dergleichen geschah.

Einige Minuten später lag der Zaun hinter ihnen, und die beiden Kinder hasteten über den Strand, näherten sich dem weißen Vorbau.

Hinter einem Felsen verharrten sie, hielten erneut Ausschau. Weiter schimmerte trübes, farbloses Licht durch die Fenster. Alles blieb still.

»Wie kommen wir hinein?« fragte Maria.

Ben deutete auf den Kanal. »Wir könnten durch den Tunnel schwimmen.«

»Das Schott ist geschlossen.«

»Ja, stimmt. Hm. Max Baxter verfügt über einen ganz besonderen Sprengstoff, mit dem man Türen völlig lautlos öffnen kann. Und über Laserstifte, um Fenster zu öffnen.«

»Türen und Fenster.« Maria schnippte mit den Fingern. »Na klar!«

Ben schnitt eine Grimasse. »Erwartest du vielleicht auch noch Hinweisschilder mit der Aufschrift: Hier geht's lang; an der nächsten Ecke rechts?«

»Komm«, erwiderte sie nur und setzte sich wieder in Bewegung, ein schmaler Schatten, der mit den Schatten der Nacht verschmolz. Sie erreichten die südliche Seite des Vorbaus, preßten sich an die Wand, um nicht vom Fenster aus gesehen zu werden. Irgendwo erklang eine gedämpfte Stimme, und Ben erstarrte. Dann war wieder Stille, nur unterbrochen vom Zirpen der Zikaden und dem ewigen Raunen des Ozeans.

»Wir dürfen keine Spuren hinterlassen«, mahnte Ben, als er sah, wie Maria weiterschlich. Sie blieb kurz stehen, nickte, mied die Sandbereiche und eilte über loses Geröll. Einige Sekunden später winkte sie, und Ben schlich zu ihr. Seine anfängliche Besorgnis wich gespannter Aufregung. Er verdrängte alle Gedanken an die möglichen Konsequenzen, die ihnen, Bud, Tracy und Esmeralda drohten, dachte nur noch an das Abenteuer. So oder ähnlich mußte es auch Max Baxter ergehen, wenn er mit einem neuen Einsatz begann.

»Siehst du?« hauchte Maria. »Dort steht ein Fenster offen.«

Und tatsächlich: Knapp zwei Meter über ihnen, neben einer verriegelten Stahltür, sah Ben einen schmalen Fensterflügel, der einige Zentimeter weit nach außen gekippt war.

»Das ist viel zu einfach«, sagte der angehende Meisterdetektiv. »Ich meine: Max Baxter muß viele Schwierigkeiten überwinden, bevor er ans Ziel gelangt. Er klettert nicht durch offenstehende Fenster, sondern benutzt U-Boote, Raketensessel, Verkleidungen...«

»Hilf mir«, unterbrach Maria seine Auflistung.

Ben faltete die Hände, formte damit eine Räuberleiter und stöhnte leise, als Maria den Fuß darauf setzte. Er schob sie langsam in die Höhe.

Sie hielt sich am unteren Fensterrahmen fest. »Noch ein bißchen«, flüsterte sie. »Einen halben Meter.«

Ben spannte die Muskeln.

»Ja, so ist es gut.« Plötzlich löste sich ihr Fuß aus seinen Händen, und einige Sekunden lang baumelten ihre Beine aus der dunklen Fensteröffnung. Ein leises Knarren, dann neuerliche Stille.

Ben wartete.

Unruhig sah er sich um. Inzwischen war der Mond aufgegangen, sein Licht schien einen Teil des Meeres in flüssiges Silber zu verwandeln. Die Schatten wichen in entlegene Winkel zurück, suchten zwischen den Felsen Zuflucht, warteten auf eine Gelegenheit, erneut hervorzukriechen.

Irgendwo raschelten Blätter, und Ben hielt die Luft an.

»Maria?« flüsterte er.

Keine Antwort.

Ein Schlüssel drehte sich im Schloß.

Eine Tür ging auf!

Himmel, jemand hat uns entdeckt, fuhr es Ben durch den Sinn, und er wagte nicht, den Kopf zu drehen.

»Komm endlich«, raunte ihm Maria zu.

Ben atmete erleichtert auf. »Du hast mir vielleicht einen Schrecken eingejagt...«

Er schlüpfte durch die Tür, schloß sie leise und machte einige Schritte in den halbdunklen Korridor, bevor er jäh herumwirbelte und zurücklief.

»Was ist?« fragte Maria leise.

»Fast hätte ich vergessen, die Tür wieder abzuschließen.« Er drehte den Schlüssel und huschte dann in das kleine Zimmer dicht neben der Tür. Eine Toilette! Ein hoher Wasserkasten, auf dem sich Maria abgestützt hatte! Es ist alles so schrecklich banal, überlegte er enttäuscht. Nichts stellt Max Baxter Jr. auf die Probe. Er stieg auf den Toilettendeckel, schloß das Fenster, schob den kleinen Hebel vor und grinste, als er sich die verdutzte Miene Wilsons vorstellte. Sollte er später darüber rätseln, wie Flippers Befreier in seine Forschungsstation eingedrungen waren. Tür und Fenster von innen verriegelt...

Er zögerte, nahm einen Lappen zur Hand, der neben dem Waschbecken lag, und wischte die Fensterbank ab.

»Was soll das denn?«

»Deine Fingerabdrücke«, erklärte Ben.

Maria verdrehte die Augen und zupfte an seinem Ärmel. Er folgte ihr auf den Gang hinaus und hörte in der Ferne das Plätschern von Wasser.

Auf leisen Sohlen eilten sie durch den langen Korridor, vorbei an den dunklen Fenstern von Büros, Lagerräumen und Laboratorien. Sie verharrten an jeder Ecke, orientierten sich, lauschten, hörten ab und zu leise Stimmen – »Wird wieder 'ne langweilige Nacht. Kannst du Schach spielen? Nein? Auch das noch...« – und schlichen weiter.

Schließlich endete der Gang an einer Tür aus massivem Stahl, und sie wies weder Knauf noch Klinke auf, nur einen schmalen Schlitz. Ben wußte sofort Bescheid.

»Wie in einer der Basen von Mister Q«, wisperte er. »Man braucht eine Codekarte.«

»Eine was?«

»Ein scheckkartenähnliches Ding mit einem Magnetstreifen, auf dem bestimmte Informationen gespeichert sind«, erklärte Ben rasch. »Ein kleines Gerät in dem Schlitz prüft die Daten und öffnet die Tür nur dann, wenn sie mit dem Zugangscode identisch sind.«

Das Mädchen kräuselte die Lippen. »Mit anderen Worten: Hier kommen wir nicht weiter.«

Plötzlich flammte Licht auf. Ben reagierte aus einem Reflex heraus, duckte sich unter das Fenster auf der linken Seite und zog Maria zu sich herab.

Die Stimmen wurden lauter. »Beginnen wir mit der nächsten Runde«, sagte ein Mann.

Ein anderer antwortete: »Weiß eigentlich gar nicht, was das soll. Niemand kann sich Zutritt verschaffen. Diese Station ist völlig sicher.«

»Ha!« äußerte Maria triumphierend. Ben hielt ihr den Mund zu, deutete nach hinten. Sie zogen sich in die Richtung zurück, aus der sie gekommen waren, bis sie an einen schmalen Steg gelangten, der auf die andere Seite eines Kanals führte.

Ein Schlüsselbund rasselte.

»Nachtwächter«, hauchte Ben. »Sie kontrollieren alle Zimmer. Schnell!«

Er schob sich auf den Steg, schloß die Hände um den

Rand und ließ sich langsam ins Wasser gleiten. Erneut das Plätschern, jetzt wesentlich lauter – *zu* laut.

»He, hast du das gehört?« brummte einer der beiden Männer.

»Was denn?«

»Weiß nicht genau.«

Maria folgte Bens Beispiel, schwamm mit ihm zum Rand des Kanals, unter die Brüstung des Korridors über ihnen. Schritte näherten sich, und der Lichtschein einer Taschenlampe strich unstet über die Wände, tastete übers Wasser.

Ben und Maria holten lautlos Luft und tauchten.

Der Junge hielt die Augen geschlossen, als könne ihn das vor Entdeckung schützen, glaubte schon nach wenigen Sekunden, seine Lungen müßten platzen. *Die Haie sausten davon, als sie die Chemikalie witterten, verschwanden in finsterer Ferne. Max Baxter lächelte zufrieden, lauschte kurz dem leisen, fast unhörbaren Summen des Elektromotors, betätigte das Ruder und tauchte auf. Die durchsichtige Kuppel durchstieß die Wasseroberfläche und öffnete sich. Der Meisterdetektiv schnupperte, roch kühle, frische Luft, als er ausstieg und ans felsige Ufer kletterte. An der hohen Decke brannten einige Lampen, und in ihrem blassen Schein sah Baxter mehrere Geräteblöcke mit schimmernden Sensorpunkten. Sein messerscharfer Verstand begriff sofort: Er befand sich in der geheimen Basis Mister Qs. Plötzlich flammte Licht auf. Max Baxter reagierte aus einem Reflex heraus und duckte sich hinter ein Instrumentenpult. »Wir haben sie bereits erwartet, Baxter«, ertönte die spöttische Stimme Mister Qs. »Glaubten Sie im Ernst, Sie könnten unbemerkt in meine Station eindringen?«*

Ben hielt es nicht mehr aus, stieß mit dem Kopf durch die Wasseroberfläche und holte prustend Luft.

»Ich dachte schon, du wolltest unbedingt ertrinken.« Maria schwamm neben ihm und grinste. »Die beiden Wächter sind schon seit einer ganzen Weile fort.«

Das Licht in dem Zimmer am Flur brannte noch immer, erhellte einen großen Teil des Korridors. Ben drehte sich um die eigene Achse und sah, daß der Kanal an der Tür weiter oben vorbeiführte und in einer Entfernung von fast zwanzig Metern in einen anderen mündete.

Die beiden Kinder kraulten los, und schon nach kurzer Zeit stellten sie fest, daß die Kanäle ein ausgedehntes Labyrinth unter der Station bildeten. An einigen Stellen mußten sie über Trennwände aus hartem Kunststoff hinwegklettern, Netze zur Seite schieben und tauchen, wenn das Wasser fast bis zur Betondecke reichte. Ben schlug vor, daß sie sich nach rechts hielten; er wollte die Suche nach Flipper in der Kammer beginnen, die direkt an die Außenwand mit dem Schott grenzte. Manchmal hörten sie das leise Zirpen und Quieken von Delphinen, aber sie konnten nicht feststellen, aus welcher Richtung es kam. Es hallte in den Tunnels wider, irrte als Echo durch das Labyrinth der Kanäle.

Hier und dort sahen sie einige helle Fenster, gelegentlich auch Männer und Frauen, die an Schreibtischen saßen: Techniker und Wissenschaftler, die Überstunden machten? Oder die Nachtschicht? Ben hoffte, daß die Versuche mit den Tümmlern erst am nächsten Morgen fortgesetzt würden. Bisher war es ihnen gelungen, keine Spuren zu hinterlassen, aber wenn Wilson nach wie vor einige Tests mit den Delphinen vornahm, blieb es ihm sicher nicht verborgen, daß jemand versuchte, Flipper zu befreien. Und dann sitzen wir ganz schön in der Tinte, dachte der Junge.

Ben und Maria blieben im Wasser: Es schien die beste Möglichkeit zu sein, sich innerhalb – oder unterhalb – der Forschungsstation zu bewegen. In den Kanälen gab es keine Türen, die sich nur mit Codekarten öffnen ließen.

Nachdem sie eine Zeitlang weitergeschwommen waren, hörten die Begrenzungswände rechts und links auf und der Kanal mündete in eins von mehreren großen Becken. Jenseits davon erstreckte sich die zentrale Kammer des Vorbaus: Bleicher Mondschein sickerte durch die lange Fensterfront, und auf dem Podium standen viele Instrumentenpulte und Geräteblöcke. An der Decke schimmerten matt einige Lampen. Wie in der Tauchkammer der geheimen Basis Mister Qs, dachte Ben besorgt und rechnete jeden Augenblick damit, eine Stimme zu hören: »Ben, Maria – wir haben euch bereits erwartet. Dachtet ihr im Ernst, ihr könntet unbemerkt in meine Station eindringen?« Aber abgesehen von einem leisen Summen blieb alles still.

Ben schwamm, berührte etwas Weiches, hätte sich fast in einem Netz verfangen.

Und dahinter bewegte sich etwas. Ein undeutlicher Schatten im dunklen Bassin, eine dreieckige Rückenflosse, die aus dem Wasser ragte.

»Flipper!« flüsterte Maria und schob sich über das Netz.

Der Delphin hob den Kopf und zirpte leise. Es klang traurig, niedergedrückt, voller Kummer.

»Oh, Flipper, was hat er mit dir angestellt? Was hat Wilson mit dir gemacht?«

Ben ruderte mit Armen und Beinen, und als der Delphin zu schnattern begann, schienen Kammer, Becken, Podium und Fenster in weiter Ferne zu verschwinden.

Das Entsetzen, in einem Netz gefangen zu sein. Stricke, die über empfindliche Haut schabten, schmerzten, wunde Stellen schufen. Ein Schott, das sich vor dem Kanal schloß, den Rückweg ins Meer versperrte. Gestalten in weißen Kitteln, Taucher, die ins Wasser sprangen. Die Nadel einer Spritze, plötzliche Kühle, die sich im Rücken ausbreitete, den ganzen Körper erfaßte, ein betäubender Frost, der die Schmerzen linderte, aber Gedanken verwirrte, Empfindungen dämpfte. Flipper/Ben schlug mit der Rückenflosse, traf einen Mann, der versuchte, ihm ein scheibenförmiges Gerät auf den Kopf zu pressen. »Lassen Sie ihn«, sagte Dr. Wilson, der am Rand des Beckens stand. »Er ist viel zu nervös. Wir warten bis morgen. Soll er die Nacht hier im Bassin verbringen und sich abregen.« Die Gestalten wichen zurück, zogen ein Netz, das das Bassin von den Kanälen trennte, verließen schließlich die Kammer. Flipper/Ben lauschte den Stimmen der übrigen gefangenen Tümmler, in anderen Teilen der Station, ihrem Trauern...

»Nichts wie weg hier«, stieß Ben hervor. »Wenn die Nachtwächter diesen Raum kontrollieren, sehen sie uns sofort. Wir haben Flipper gefunden, Maria. Jetzt müssen wir abhauen.«

Der Tümmler zirpte.

»Hast du ihn nicht verstanden?« erwiderte das Mädchen vorwurfsvoll. »Seine Freunde leiden nach wie vor. Sie fürchten sich vor morgen, vor neuen Tests, die ihnen weitere Qualen bereiten, vor Wilson, der sie immerzu straft. Flipper möchte, daß wir die anderen Delphine befreien, Ben. Er braucht unsere Hilfe. Allein schafft er es nicht.«

12

Es ist Wahnsinn, dachte Ben. Je länger wir in Wilsons Forschungsstation bleiben, desto größer wird die Gefahr einer Entdeckung. Dennoch erhob er keine Einwände, gab dem Drängen Flippers und Marias nach, half dem Mädchen, das Trennetz aus der seitlichen Verankerung zu lösen und beiseite zu schieben.

»Kennst du den Weg, Flipper?« fragte Maria.

Der Tümmler zirpte, und Ben »sah« finstere Tunnel und Kanäle, Abzweigungen, größere und kleine Becken.

»Führ uns«, flüsterte das Mädchen. Es hielt sich an der Rückenflosse des Delphins fest, und Ben folgte Marias Beispiel. Einige kräftige Schläge mit der Schwanzflosse – und Flipper raste geradezu durchs Wasser.

»Nicht so schnell«, keuchte Ben, dem die Wellen ins Gesicht schlugen. »Sonst hören die Wächter das Rauschen.«

Der Delphin schien ihn problemlos zu verstehen, wurde sofort langsamer.

Ben verlor schon nach wenigen Minuten die Orientierung. Flipper zog sie durch das Labyrinth unter dem Vorbau und der eigentlichen Forschungsstation, durch einen Irrgarten aus Tunneln und endlosen Kanälen. Sie wichen den Kunststoff-Trennwänden aus. Der Tümmler ließ sich nicht dazu bewegen, über sie hinwegzuspringen, außerdem wäre das Platschen viel zu laut gewesen. Sie machten große Umwege, zogen Sperrnetze beiseite. Die beiden Kinder holten tief Luft und tauchten, wenn das Wasser bis zur Decke reichte, vertrauten sich ganz ihrem Delphin an.

Das leise Zirpen und Fiepen in der Ferne wurde allmählich lauter.

Ab und zu wurde es hell über ihnen. Aus einigen Arbeitszimmern und Büros fiel Licht auf die Gänge. In solchen Fällen bewegte sich Flipper mit besonderer Behutsamkeit, um keine Aufmerksamkeit zu erregen.

Schließlich erreichten sie ein großes Bassin, in dem mehrere Tümmler schwammen. Ben und Maria ließen Flipper los, der sofort zu seinen Freunden schwamm und kummervoll schnatterte.

»Sie trauern«, sagte das Mädchen leise. »Hörst du es? Sie beklagen den Tod einer Artgenossin.«

Ben lauschte, glaubte plötzlich, einen Namen zu verstehen: Emily.

...Dr. Wilson stand allein am Beckenrand, in den Händen ein kleines Gerät. »Warum willst du nicht gehorchen? Warum bringst du die Bombenattrappe immer wieder zurück?« Er drückte Knöpfe, betätigte Schieberegler...

...Schmerz zuckte durch einen grauweißen Körper, führte zu Muskelkrämpfen, brannte sich heiß durchs Gehirn...

...Und wieder war es Wilson, der am Bassin entlangging, das Kontrollgerät nachdenklich in der Hand wog. Er starrte ins Wasser. »Könnt ihr denken? Könnt ihr sprechen?« Nur Zirpen und Schnattern antwortete ihm. »Ihr seid Tiere, nichts weiter als Tiere...«

...Neuerlicher Schmerz, den Ben fast körperlich spürte. Er litt mit den Delphinen, starb...

Eine schmale Hand, die sich um seine Schulter schloß. »Ben? Ist alles in Ordnung mit dir?«

Der Junge stöhnte, schwamm zum Beckenrand und hielt sich fest. Etwa zwei Meter über ihm verlief sich der Boden des Korridors, der an Dutzenden von Zimmern vorbeiführte, an Räumen, in denen skrupellose Wissenschaftler weitere Experimente vorbereiteten. Die letzten Zweifel wichen von ihm. Er hatte sich nicht getäuscht: Wilson und seine Kollegen beabsichtigten keineswegs, die Tümmler zu Rettungsschwimmern auszubilden, wie Gashville alias Georgetown behauptete. Bud Porters Befürchtungen entsprachen der Wahrheit: Die Delphine sollten in willfährige Soldaten verwandelt werden, die Bomben legten und fortbrachten, Minen an den Rümpfen feindlicher Schiffe befestigten, gegnerische Taucher angriffen. Der von den Kopfsensoren verursachte Schmerz sollte Aggressivität auslösen. Aber der erhoffte Erfolg blieb aus: Die gequälten Tümmler bissen nicht einmal ihre Folterer, ließen alles mit sich geschehen. Und starben.

So wie Emily.

Ihre Leiche dümpelte dicht neben Ben im Wasser, und er streckte die Hand aus, berührte den reglosen, toten Körper. Auf allen Seiten ragten Delphinköpfe aus dem Wasser und stimmten ein klagendes Quieken an.

Der Junge erwachte wie aus einem Traum, wurde sich wieder seiner Umgebung bewußt. »Wir dürfen nicht noch mehr Zeit verlieren, Maria«, sagte er leise. »Wir müssen die Station so schnell wie möglich verlassen.«

Das Mädchen nickte, wandte sich an Flipper. »Bring uns zurück. Und sag deinen Freunden, daß sie sich möglichst leise verhalten sollen.«

Wieder griff Ben nach Flippers Rückenflosse, fühlte eine

jähe Beschleunigung. *Max Baxter, der den Jet-Motor seines Ra-*
ketenbootes einschaltete... Doch Raketenboote dachten und
fühlten nicht. Und was noch viel wichtiger war: Sie starben
nicht, verrosteten höchstens.

Unterwegs mußten sie einmal den beiden Wächtern aus-
weichen. Zum Glück befanden sie sich in einem besonders
dunklen Korridor, und der über den Kanal tanzende Lichtschein der Taschenlampen warnte Ben und Maria rechtzeitig. Sie tauchten mit den Tümmlern, hielten sich an ihnen
fest und rührten sich nicht von der Stelle – bis das Licht über
ihnen verschwunden war. Als Ben wieder auftauchte,
hörte er das leise Summen einer sich schließenden Tür.

Wenige Minuten später erreichten sie das große Bassin
des Vorbaus. Die beiden Kinder hatten daran gedacht, alle
Sperrnetze in den Kanälen zuzuziehen, und Ben wiederholte diesen Vorgang, als sie in die weite Kammer mit dem
Podium schwammen. Keine Spuren hinterlassen, überlegte Max Baxter Jr. Keine Indizien, die auf einen Einbruch
hindeuten, darauf, daß jemand die Delphine befreite. Es
soll den Anschein haben, als seien sie von ganz allein entkommen.

»Ich glaube, wir haben einen wichtigen Punkt übersehen«, raunte ihm Maria zu.

»Und der wäre?«

»Wie verlassen wir die Station? Das Schott ist geschlossen.«

Ben fluchte halblaut, näherte sich der Trennwand, holte
Luft und tauchte. Unter Wasser wurde das Licht der wenigen Lampen noch schwächer, und der Junge sah kaum
mehr als formloses Grau. Er tastete sich an der Innenwand

des Schotts entlang, fühlte die haarfeinen Fugen, preßte sich vergeblich dagegen. Neben der Barriere bemerkte er eine dunkle Fläche, darauf vier farbige Gumminoppen, wie große Tasten. Er drückte darauf, doch das erhoffte Brummen eines Elektromotors blieb aus.

Ben tauchte wieder auf, prustete. »Nichts zu machen«, brachte er hervor und ließ seinen Blick kurz über die Delphine schweifen. Sie schauten aus dem Wasser, beobachteten ihn, hofften. Er deutete mit dem Kopf in Richtung der Geräteblöcke und Instrumentenpulte auf dem Podium. »Vielleicht kann man das Schott von dort aus öffnen.«

Er schwamm auf die Treppe zu, die vom hohen Podest ins Bassin reichte, zog sich an den Stufen empor und eilte über den Beton. Die nassen Turnschuhe quietschten leise, und das T-Shirt klebte an seinem Oberkörper fest.

An den Apparaturen blieb er stehen, sah auf die Anzeigen. Keine einzige Kontrollampe leuchtete, und Skalenzeiger deuteten auf Nullmarkierungen.

»Beeil dich, Ben«, drängte Maria mit gedämpfter Stimme.

Die Delphine streckten noch immer die Köpfe aus dem Wasser und warteten.

Ben drückte eine Taste. Nichts geschah. Das ersehnte Summen blieb aus.

»Kein Strom«, flüsterte er. »Die verdammten Geräte sind ohne Strom.«

Er betätigte andere Knöpfe und Schaltvorrichtungen – und von einem Augenblick zum anderen wurde es hell. Neonröhren gleißten, und ein leises Brummen gewann an Intensität, schwoll an, gipfelte in dem Schrillen einer Sirene, das nach wenigen Sekunden erstarb.

Unheilvolle Stille folgte.

»Was hast du getan?« stöhnte Maria.

Ben schnappte mehrmals nach Luft, löste sich aus seiner Erstarrung, rannte zum Beckenrand und ließ sich ins Wasser fallen. Er schwamm mit kräftigen, entschlossenen Zügen zu Maria zurück.

Das Schott war nach wie vor geschlossen.

Und die Tümmler wurden unruhig. Sie glitten hin und her, zirpten und schnatterten lauter.

...Sehnsucht nach Freiheit, der Wunsch, die Forschungsstation zu verlassen, den Wissenschaftlern und Technikern zu entkommen. Furcht und Angst davor, erneut gequält zu werden. Auf den Köpfen scheibenförmige Sensoren, von denen elektrische Impulse ausgingen, Stromstöße, die direkt aufs Gehirn einwirkten...

»Die Wächter haben das Heulen bestimmt gehört«, stieß Maria erschrocken hervor. Gleißendes Licht strömte auf das weite Bassin herab und leuchtete jeden Winkel aus. »Hier können wir uns nirgends verstecken. Sie werden uns sehen, und dann...«

Und dann sind wir erledigt, dachte Ben. Dem Meisterdetektiv Max Baxter wäre nie ein solcher Fehler unterlaufen: Er brauchte nur einen kurzen Blick auf fremde Mechanismen zu werfen, um ihre Funktionsweise zu verstehen. Er kannte alle Codes Mister Qs, und wenn der Weltverschwörer einen neuen entwickelte, dauerte es nicht lange, bis Max Baxter ihn entschlüsselte.

Codes...

Es fiel Ben wie Schuppen von den Augen. »Die Gumminoppen neben dem Schott!« stieß er prustend hervor. »Bestimmt ist es eine Kontrollvorrichtung. Wenn man die Tasten in einer bestimmten Reihenfolge drückt, öffnet sich der Zugang zum Kanal.«

»Max Baxter?« fragte Maria skeptisch.

»Nein. Ben Webb.«

Hastige Schritte näherten sich. Ben glaubte, ein dumpfes Rasseln zu hören.

»Flipper!« flüsterte er.

Der Delphin sauste auf ihn zu, hob den Kopf und sah ihn an. Er schien zu lächeln, gab die Hoffnung nicht auf.

»Flipper, du und deine Freunde... Ihr müßt die Wächter ablenken, hörst du? Springt und tanzt auf den Schwanzflossen. Schnattert so laut wie möglich. Veranstaltet ein großes Durcheinander. Wenn man uns sieht, wandern wir alle ins Gefängnis.« Er wußte nicht so recht, ob Flipper einen solchen Begriff verstand, aber der Tümmler schien zu ahnen, daß sich für Ben, Maria, Tracy, Esmeralda und vielleicht auch Bud sehr ernste Konsequenzen ergaben, wenn Wilson den wahren Grund für die Flucht der Delphine herausfand.

Neuerliches Entsetzen regte sich in dem Jungen, als er an die Spuren dachte, die er auf dem Podium zurückgelassen hatte: Fußstapfen, kleine Lachen, die zu den Instrumentenpulten führten...

»Spritzt alles naß!« fügte er schnell hinzu.

Gedämpftes Sirren, als eine Identifikationskarte in den Abtastschlitz geschoben wurde. Eine Tür schwang auf.

Ben tauchte, sank zum Grund des Beckens und näherte sich der dunklen Fläche mit den Noppen. Aufs Geratewohl wählte er eine bestimmte Reihenfolge, drückte die dicken

Tasten. Doch das Schott rührte sich nicht von der Stelle. Er versuchte es mit einem anderen Code, wieder ohne Erfolg.

Als sein Kopf die Wasseroberfläche durchstieß, herrschte das reinste Chaos. Fast zwanzig Delphine schnellten durchs Becken, sprangen zwei oder drei Meter hoch und ließen sich zurückfallen. Überall spritzten Fontänen, und erleichtert stellte Ben fest, daß bereits ein großer Teil des Podestes überschwemmt war. Seine Fußstapfen verschwanden in der allgemeinen Nässe.

Das Schnattern, Zirpen und Quieken der Tümmler übertönte die verblüfften Stimmen der beiden Männer, die nun zurückwichen, fort von den hohen Wellen, die über den Beckenrand schwappten. Die zornigen und wütenden Stimmen der Delphine hallten in der großen Kammer wider, so laut, daß Ben versucht war, sich die Hände auf die Ohren zu pressen.

Maria schwamm in der einen Ecke des Bassins, dicht hinter Flipper, dessen langer, grauweißer Körper sie vor den Blicken der beiden Nachtwächter schützte. Ben kraulte zu ihr. »Ich schaffe es nicht«, raunte er ihr zu, während er die Delphine beobachtete, die außer Rand und Band geraten zu sein schienen. Plötzlich kam ihm eine Idee. »Flipper«, sagte er, »frag deine Freunde. Vielleicht hat einer von ihnen einen Taucher gesehen, der das Schott mit Hilfe der vier Gumminoppen öffnete. Wir müssen wissen, in welcher Reihenfolge sie betätigt werden.«

Flipper glitt in die Mitte des Beckens, und sofort kam ein anderer Delphin, um die beiden Kinder abzuschirmen, ihnen Deckung zu bieten. Eine hohe Woge rollte heran, und Ben kniff die Augen zu. Als er die Lider wieder hob, bemerkte er einige Frauen und Männer, die zu den beiden Nachtwächtern getreten waren. Einige von ihnen brachten scheibenförmige Sensoren mit, aber niemand von ihnen wagte es, ins Wasser zu springen, um zu versuchen, den Tümmlern die Kontrollmechanismen auf die Köpfe zu pressen. Verblüfft und verwirrt gestikulierten sie.

Flipper kehrte zurück und fiepte.

Ben runzelte die Stirn, duckte sich hinter den Leib des Delphins. »Ich verstehe dich nicht«, sagte er leise. »Sei nicht so aufgeregt. Drück dich klarer aus.«

Flipper schnatterte. »Rot, rot, grün, gelb«, prustete Maria.

... Eine Gestalt, die eine Kombination aus schwarzem Gummi trug. Auf dem Rücken zwei dicke Sauerstoffflaschen, eine Maske vor dem Gesicht. Hinter dem Glas aufmerksam starrende Augen. Luftperlen, die an die Oberfläche stiegen. Eine ausgestreckte Hand, die vier Vorwölbungen auf einer dunklen Fläche berührte ...

Ben atmete tief durch und tauchte.

Flipper begleitete ihn, und der Junge griff nach seiner Rückenflosse, legte die fünf oder sechs Meter, die ihn vom Schott trennten, in wenigen Sekunden zurück. Bestimmt konnte ihn niemand sehen: Das Wasser im Bassin war viel zu aufgewühlt.

Rot – Rot – Grün – Gelb. Ben preßte die rechte Hand auf die Noppen, in der Reihenfolge, die Flipper ihm genannt hatte. Das Summen des Elektromotors verlor sich im Platschen der ins Becken zurückfallenden Delphine.

Ben spürte einen leichten Sog, das sanfte Zerren einer Strömung.

Das Schott öffnete sich endlich!

Gab den Weg ins Meer frei...

Ben tauchte wieder auf. »Wir haben es geschafft«, hauchte er erleichtert Maria ins Ohr. »Flipper, es ist soweit. Flieht!«

Die Kinder hielten sich an dem Delphin fest, als er zum Grund des Bassins sauste, durch die breiter werdende Öffnung glitt. Im Kanal schlug er mit seiner kräftigen Schwanzflosse, raste wie ein lebendiger Pfeil dem Meer entgegen.

Die anderen Tümmler folgten ihm, Freunde und Artgenossen, die in die ersehnte Freiheit zurückkehrten.

Am Rande der Bucht holten Ben und Maria Luft, tauchten und lösten das Sperrnetz aus der Verankerung. Bleicher Mondschein verschmolz mit dem Licht, das durch die lange Fensterfront des Vorbaus fiel, rief matte Reflexe auf den glatten Körpern der nach wie vor springenden Tümmler hervor.

Kurz darauf verließen sie die Bucht, schwammen an hohen Felsen und dem im Wasser haltlos treibenden Netz vorbei, hinaus auf den offenen Ozean.

Die weißen Mauern der Forschungsstation, in der die Delphine so sehr gelitten hatten, blieben in der Nacht zurück.

Flipper und seine Freunde streckten die Köpfe aus dem Wasser und stimmten ein fröhliches, glückliches Schnattern an. Ben und Maria lachten.

»Ohne eine einzige Spur zu hinterlassen!« jubelte der Junge prustend.

»Eine wahre Meisterleistung«, fügte das Mädchen hinzu und strahlte übers ganze Gesicht.

»Einem Meisterdetektiv angemessen.«

Sie lachten wieder und schwammen zu ihrem Schlauchboot.

13

»Was ist passiert?« fragte Wilson außer Atem.

Einer der beiden Nachtwächter – ein junger, schlaksiger
Mann namens Jonathan – zuckte mit den Schultern. »Die
Delphine – sie spielten plötzlich verrückt.«

»Was soll das heißen?« Wilson eilte mit langen Schritten
durch die Flure und Korridore der Station, begleitet von
den Wächtern, einigen Technikern und auch Gashville, der
noch immer die Ruhe selbst zu sein schien. Nach wie vor
trug er eine dunkle Sonnenbrille – Wilson fragte sich, ob er
auch mit ihr schlief –, und sein blütenweißer Anzug paßte
ausgezeichnet in die nüchterne, funktionelle Umgebung.

»Wir gingen gerade unsere Runde«, erklärte Jonathan betreten und wechselte einen besorgten Blick mit seinem Kollegen. »Plötzlich heulte eine Sirene im Vorbau, und als wir
dort eintrafen, herrschte das reinste Chaos. Alle Delphine
schwammen im Bassin vor dem Kanal, sprangen dauernd
aus dem Wasser und schnatterten so laut, daß man kaum
sein eigenes Wort verstehen konnte. Das Licht brannte,
aber die Instrumentenpulte waren ausgeschaltet. Wir wuß-
ten nicht, was wir davon halten sollten...«

Sie erreichten die zentrale Kammer, brachten die Treppe
hinter sich, die vom höher gelegenen Gang zum Podium
am Beckenrand führte. Der Betonboden glänzte feucht.

Und das Schott unterhalb der langen Fensterfront stand weit offen.

Wilson stöhnte, und Gashville sah sich mit wortloser Gelassenheit um.

»Plötzlich öffnete sich das Schott«, fügte der zweite Nachtwächter hinzu, »und die Tümmler schwammen sofort hinaus.«

»Meine Delphine«, stöhnte Wilson und schlug sich mit der flachen Hand an die Stirn. »Sie sind weg? Alle weg?«

»Ja«, bestätigte Jonathan kleinlaut. »Es ist kein einziger zurückgeblieben.« Er hob die Schultern, ließ sie wieder sinken. »Wir haben Sie sofort verständigt und bis zu Ihrem Eintreffen die ganze Station durchsucht. Alle Außentüren und Fenster waren geschlossen.«

»Bud Porter«, zischte Wilson. Er sah sich um, wurde sich der vielen Personen in seiner Begleitung bewußt. »Sie können gehen«, wandte er sich an die Techniker.

Die Männer und Frauen nickten – einige von ihnen seufzten erleichtert – und verließen den Vorbau. Ihre Schritte und leisen Stimmen verhallten im Flur.

»Bud Porter«, wiederholte Wilson. »Ich bin sicher, er steckt dahinter.«

Gashville schüttelte den Kopf. »Nach unserem Gespräch im Hotel habe ich ihn nicht aus den Augen gelassen. Ich weiß ganz genau, daß er den Rest des Nachmittags in seiner Marinestation verbrachte. Um kurz vor sieben fuhr er zum Hotel, und dort ist er noch immer, in Gesellschaft von Tracy Webb.«

»Verdammt, wer hat das Schott geöffnet?«

Jonathan räusperte sich. »Es müssen die Tümmler gewesen sein, Dr. Wilson«, erwiderte er. »Irgendwie gelangten sie in dieses Bassin. Es war wie ein – wie ein Aufstand der Delphine.«

Der zweite Nachtwächter unterstrich seine Worte mit einem heftigen Nicken.

»Wir konnten das Becken genau beobachten, und außer den Tümmlern haben wir niemanden gesehen.«

»Das ist völlig un-mög-lich«, beharrte Wilson stur. »Wir haben immer wieder versucht, unserem Versuchstieren den Code beizubringen, aber sie begriffen ihn einfach nicht.«

»Vielleicht waren Ihre Delphine klüger, als Sie glauben, Wilson«, sagte Gashville kühl.

Der Wissenschaftler drehte sich aufgebracht zu ihm um. »Klüger? Ich habe Ihnen doch bereits erklärt, daß sie . . .«

»Ihre Verbohrtheit erstaunt mich«, unterbrach ihn der Mann im schneeweißen Anzug.

»Die Kinder!« stieß Wilson hervor. »Ja, Ben und Maria. Sie schlichen sich hierher, um ihren Flipper zu befreien.«

»Sie kannten den Code nicht«, sagte Gashville ruhig. »Und außerdem waren alle Türen und Fenster verriegelt. Von innen.«

Wilson suchte verzweifelt nach einer Erklärung, die im Einklang mit seinen Überzeugungen stand. Er weigerte sich nach wie vor, an die Intelligenz der Delphine zu glauben, lehnte diese Vorstellung als absurd ab. »Was ist mit den Sperrnetzen in den Kanälen? Und draußen vor der Bucht? Delphine springen über keine Hindernisse hinweg. Das widerspricht ihrer Natur. Jemand muß sie beiseite geschoben haben.«

»Ein Geist?« schlug Gashville vor und lächelte dünn.

Wilson trat an die Instrumentenpulte, starrte auf die trüben Anzeigen, blickte dann wieder ins Becken und betrachtete das geöffnete Schott. Eine sanfte Strömung kräuselte die Wasseroberfläche.

Er schnippte mit den Fingern. »Technisches Versagen«, stieß er hervor, klammerte sich an diese Worte, als könnten sie ihm inneren Halt geben. »Ja, das ist es! Eine Panne! Ein Kurzschluß im elektrischen System – und daraufhin öffnete sich das Schott.

Er drehte sich zu Gashville um. »So was passiert eben, verstehen Sie?«

»Das würde auch das Heulen der Sirene und das Licht erklären«, warf Jonathan ein, froh darüber, daß man ihm keine Nachlässigkeit vorwerfen konnte.

»Und wie kamen die Delphine hierher?« fragte Gashville kühl.

»Das spielt keine Rolle.« Wilson tat diesen Einwand mit einer wegwerfenden Handbewegung ab. Er schickte die beiden Nachtwächter fort, trat an die lange Fensterfront und sah nach draußen. Noch immer spiegelte sich perlmuttener Mondschein auf dem Meer wider.

»Es wäre sinnlos zu versuchen, die geflohenen Delphine einzufangen. Himmel, wenn wir ihnen nicht die Sensoren abgenommen hätten, könnten wir sie jetzt zurückrufen.« Etwas leiser fügte er hinzu: »Eine Panne, Henry. Ein bedauernswerter Unfall, der sich bestimmt nicht wiederholen wird, das versichere ich Ihnen. Wenn Sie mir weitere Tümmler zur Verfügung stellen...«

»Nein«, sagte Gashville kalt.

Wilson drehte sich überrascht um. »Was meinen Sie damit?«

»Sie haben doch die beiden Nachtwächter gehört.« Der Mann im weißen Anzug hob die Brauen. »Sie sprachen von einem ›Aufstand der Delphine‹, Wilson. Das scheint mir deutlich genug zu sein. Ich habe Flipper erlebt. Ich weiß, wie fähig er ist. Sie behaupten, er sei nur ein Tier, und die Kinder bildeten sich ein, mit ihm sprechen zu können. Aber ich war dabei, Wilson. Ich habe gesehen, wie Ben und Maria in eine Art Trance gerieten, wie das Mädchen leidende Delphine erwähnte und eine ziemlich genaue Beschreibung vom Innern dieser Forschungsstation gab – ohne jemals hier gewesen zu sein. Gibt Ihnen das nicht zu denken?«

»Delphine sind...«

»Ich kenne Ihren Standpunkt, Wilson, und er ist keineswegs objektiv. Wissenschaftler urteilen aufgrund von Beobachtungen, neigen für gewöhnlich nicht dazu, die Realität ihren eigenen Glaubensgrundsätzen anzupassen. Eher verhält es sich umgekehrt. Ich bin sicher, Flipper hat Ihren Delphinen eine Möglichkeit gezeigt, aus den Becken und Kanälen zu fliehen, ins Meer zurückzukehren.«

»Das ist doch Unsinn!«

»Meinen Sie?« Gashville verzog das Gesicht und nahm die Sonnenbrille ab. Seine grauen Augen blickten stechend und durchdringend. »Ich hielt Sie zunächst für einen fähigen Mann, aber Sie geben sich gerade große Mühe, mich vom Gegenteil zu überzeugen. Wie dem auch sei: Ich kehre morgen in die Staaten zurück und erstatte meinen Vorgesetzten Bericht. Es ist bereits eine Menge Geld in dieses Projekt investiert worden, und wir können uns keine weiteren Fehlschläge leisten. Mit anderen Worten: Ich werde mich dafür aussprechen, daß man eine andere Forschungsstation mit der militärischen Ausbildung von Delphinen beauftragt.«

»Das – das können Sie mir doch nicht antun! Ich...«

»Ihnen kommt es nur darauf an zu beweisen, daß die Tümmler dumme Tiere sind. Alles andere spielt eine untergeordnete Rolle für Sie. Und dabei übersehen Sie eine einzigartige Chance: Wenn die Delphine auch nur einen Funken Verstand haben – und die jüngsten Ereignisse sind ein deutlicher Hinweis darauf –, wäre unser Projekt wesentlich einfacher zu realisieren.« Gashville ging zur Treppe.

»Ohne Ihre Unterstützung wird das Komitee wieder Bud Porters Forschungen den Vorrang geben!« rief ihm Wilson nach.

»Das ist Ihr Problem. Leben Sie wohl.«

Gashville stieg die Treppe hoch und schritt durch den Korridor.

Eine Zeitlang lauschte Wilson seinen Schritten, starrte dann wieder aufs Meer hinaus und ballte die Fäuste.

»Eine Panne«, sagte er leise. »Eine technische Panne, weiter nichts. Dadurch entkamen die Tümmler. Sie können sich unmöglich selbst befreit haben. Dazu sind sie zu dumm. Es gab keinen Aufstand der Delphine.«

Die Stille in der Kammer schien ihn zu verspotten.